人生100年時代を輝かせる会 編
荒木義宏 伊藤 廉 小野 恒
鹿島孝和 呉羽和郎
斎藤利治 菅納ひろむ 都築 功
久恒啓一 力丸萠樹

旅は新たな発見

人と出会い、文化に触れ、こころ、研ぎ澄ます

コミュニティ・ブックス

日本地域社会研究所

まえがき

皆、それぞれに旅の経験があります。楽しかった旅、生き方に役に立った旅、見た景色に感動した旅、旅に行ってその後の人生に影響を与えた旅等々、いろんな旅の思い出について述べて欲しいとお願いしたところ、10人の方から旅行記を寄せていただきました。

日本国内各地（奥の細道、離島〈新島、三宅島、八丈島、小笠原父島〉、中国、インドネシア（イリアンジャヤ）、東欧（ユーゴスラビア、ブルガリア、ルーマニア、ポーランド、チェコスロバキア）、ヨーロッパ（オーストリア、ハンガリー、フランス、イギリス）、南米（ブラジル、アルゼンチン、チリ）、クウェイト、イタリア、エジプトで体験された旅行記、および動物園と水族館を巡る旅、人物記念館の旅について述べていただいています。

それぞれ異なった視点での旅の記述です。これからの旅の参考としていただければと思います。

「人生１００年時代を輝かせる会」　小野　恒

目次

目次

鉄のカーテンの向こう側へ

～遠い旅の記憶～

荒木義宏

■なぜ東欧へ？

「東欧」……、この言葉に何となく暗い響きを感じるのは私だけだろうか。これに対する「西欧」……、この言葉には明るささすら感じられる。「東欧」といえば、第2次世界大戦後から1989年までの冷戦終結までほぼ40数年間、ソ連を盟主と仰ぐ社会主義国家が南北に連なっていた。西側との間には目には見えない強固な〝鉄のカーテン〟が立ちはだかり、東側では共産党の独裁政権が市民の自由を厳しく制限し、西側との自由な人の往来は極めて困難であった。その時代の暗いイメージが「東欧」という呼び名に今でも残っているような気がする。1979年の春、私はこの東欧の6カ国（ユーゴスラビア、ブルガリア、ルーマニア、ハンガリー、ポーランド、チェコスロバキア〈注①〉）を生まれて初めての海外旅行で2カ月にわたって旅をした。

私はジェトロ（日本貿易振興機構）という国際的な政府機関に勤務する身でありながら、入会（1975年）するまでは海外旅行の経験はおろか国内線の飛行機にすら乗ったことがなかった。そんな私が2カ月もの長期間単独で見知らぬ外国、それも東欧を巡るというのだから、周囲の同僚は「何を好き好んで共産圏に？」としきりに不思議がった。当時は、ソ連・東欧とのビジネスは主にその地域を専門とする商社の世界だった。一般企業の社員が出張することはまれで、日本企業にとっては特殊な市場だった。海外旅行も1970年代に入って日本航空の〝ジャルパック〟の登場でようやく一般庶民にも拡がり始めていたが、当時の行き先はハワイ、米国、フランス、英国が中心で、東欧は観光旅行の対象ですらなかった。いわば〝未知の遠い世界〟だったのである。

入会当初、私は海外調査部欧州課のソ連・東欧班に所属、希望して東欧諸国の経済情報の収集を担当させてもらっていた。東欧調査には必須だったロシア語もドイツ語もできない私が、なぜ東欧に興味をもっているのか上司には言わなかったが、1968年の〝プラハの春〟(注②)をソ連が武力で弾圧したときのニュース映像の記憶が頭から抜け切れず、私は何となく東欧に大きな関心を抱いていた。入会後も「ぜひ東欧への現地調査をさせてほしい」としきりに上司に直訴していたが、その希望は叶えられず調査部はわずか3年でお払い箱となり、その年4月の定期異動で資料室に移った。私は落胆してしばらくは新しい部署にもなじめず、もっぱら海外から日々送られてくる新聞、雑誌、調査報告書などの膨大な資料の整理で気を紛らわすしかなかった。当時のジェトロの資料室は、〝海外ビジネス情報の宝庫〟といわれ、連日数百人の来館者を数えるほど海外資料の充実ぶりには定評があった。私は暇ができると書庫に入り浸って欧米の新聞・雑誌を片っ端から斜め読みし、調査部にいたとき以上に東欧関連の情報をくまなく収集することができた。当時の日本のメディアでは共産圏のニュースはめったに報道されることはなかったので、資料室への異動はかえって好都合だった。

■旅の準備

1979年の3月末のある日、突然上司から「2～3カ月の長期の単独海外研修に君を出したい。行きたい国はあるか？」と打診を受けた。もちろん返す刀で、「東欧にぜひ行きたいです」と応えた。さあそれからが大変である。予算執行の関係で、「遅くても4月の末までに出発するように」との厳命。出発は4月28日と決めたのであと1カ月しかない。帰国はとりあえず2カ月後の6月30日として往復のフライト予約を日本交通公社に依頼した。代金はエコノミーのラウンドチケットで80万円くらいだったと記憶している（当時の円レートは1ドル＝約250円）。

この海外研修は、行き先のホテルや現地での交通手段の確保、通訳の手配などはもちろんのこと、あらかじめ設定した調査テーマに基づいて、取材訪問先の選定と面談のアポイントの取得をすべて自分自身でやらなければならない。私のテーマは「東欧諸国の輸出産業の現状と展望」、何とも小難しいテーマだったが、訪問先の選定は資料の宝庫にいたおかげで難しくなかった。しかしアポイントの取得は非常に難しかった。今でこそインターネットで世界中のあらゆる場所に瞬時にアクセスできるが、当時の通信手段は、ファクシミリがまだ一般的でなく国際電話とテレックスしかなかった。しかも共産圏との通信回線は極めて少なく料金も高額、おまけにダイヤルインではなく国際電話交換局のオペレータ経由なので時間と手間がかかることこのうえなかった。このためアポイントの取得は上司から特別の許可をもらいジェトロの現地駐在員にお願いした。また当時チェコとハンガリーには駐在員がいなかったので現地日本大使館の経済担当書記官に依頼することとなった。

それからは旅の準備で時間もお金も随分費やした。貧乏サラリーマンにとってはそれまでまったく縁のなかったSamsoniteのスーツケースを新宿の伊勢丹で購入、ついでにスーツとコートも新調した。カメラもPentaxの一眼レフを5万円くらいで購入。フィルムも35ミリとスライドの両方を10本ほど購入。旅の軍資金はThomas Cookのトラベラーズチェック（TC）を２０００ドル分準備。海外旅行保険はいくら掛けたか記憶は定かでない。ひとり旅のバイブル〝地球の歩き方〟はすでに創刊されてはいたが東欧諸国はまだ発行されていなかった。代わりに、大学書林の『ポーランド語会話』、『ルーマニア語会話』を念のため買った。お世話になる現地駐在員には日本食材のお土産、訪問先へはライターやボールペン、小型電卓等を準備、出発までに支払った額は月給の３カ月分を超えていたと思う。

あれやこれやで１カ月が瞬く間に過ぎ、４月28日の夜、予定どおり成田空港からパリ行きエールフランスの夜行便に搭乗した。同僚の後輩１名と取引先の担当者の２人だけの寂しい見送りだったが嬉しかった。私は好奇心と緊張感が複雑に入りまじって機中では一睡もできなかった。翌早朝、中継地のドゴール国際空港に降り、３時間のトランジットの後、乗り継ぎのルフトハンザでオーストリアのウィーンに昼過ぎにようやく無事到着した。いよいよ２カ月間の東欧の旅の始まりである。

ワルシャワ旧市街広場

■ワルシャワ事務所に居候

ウィーンには１週間滞在した。中立国のオーストリアには国際機関が集中し東欧諸国からの亡命者も多い。東欧の政治・経済情報の収集と分析に定評のあるウィーン比較経済研究所には多くの東欧専門家が在籍していて、私も拙い英語で何度も彼等にインタビュー取材した。また各国の訪問希望先へ面談アポイント確認のテレックスを入れたり、まだ予約が確定しないブダペストとプラハのホテルに電話したりと結構忙しく、〝音楽の都〟の雰囲気にドップリと浸る暇もなかった。この後ユーゴスラビアに1週間、ブルガリアに9日間、ルーマニアに1週間、ハンガリーに1週間と順調に日程をこなし、あっという間に1カ月が過ぎた。

そして次はポーランド、2週間の滞在の予定だったが、すでに軍資金が枯渇し始めていた。使いすぎてTCが残り500ドルしかない。今でこそ世界中どこでもクレジットカードでお金が引き出せるが、当時の共産圏のポーランドでは不可能である。仕方なく事前にワルシャワ事務所長に国際電話をかけて、事務所の部屋に居候する許可を得ておいた。ところが安堵してワルシャワ空港に降り立ったが、事務所からの迎えが来ない。1時間待っても来ないので、ごった返す空港のオルビス（国営旅行社）のカウンターで「安いホテルで空きはないか？」と交渉する。10分ほど待って探してもらったホテルはなんと1泊300ドル。「もっと安いホテルはないのか？」と詰め寄っても、頭を横に振るばかり。何とポーランド出身のローマ法王が里帰りしていて、それを一目見ようとするポーランド人や、海外からの大勢の取材陣でワルシャワ中のホテルが塞がっていたのである。仕方がないので1泊だけ泊まることにしてチェックインすると、何とその部屋は5つ星ホテル（フォーラム、今はノボテルになっている）の最上階のペントハウスだった。広さも60平米はあったと思う。

事務所はワルシャワの中心部にある集合住宅の一角にあった。そこでの居候生活は楽しかった。所長以下現地採用の所員までが全員、ポーランド西部の商工業都市ポズナンで開催中の国際見本市の日本ブースに出払っており、私は一人で留守番役を命ぜられたのである。時折電話がかかってくるが、ほとんどポーランド人で英語のできない人ばかり。持参した『ポーランド語会話』を片手に悪戦苦闘したが、慣れれば度胸がつくもので何とか乗り切った。事務所長が残してくれた滞在中の私の日程表にはあまりアポイントが入ってなかった。しかし、何もしないわけにはいかないので、通訳のFさんにコンタクトし、彼女が通っているワルシャワ大学の日本語学科に行くことにした。ここの日本語学科は１９１９年に開設された日本語講座が始まりで、東欧随一の親日国ポーランドでは学生の間で非常に人気が高い。今でも入学試験は20倍の競争率だという。日本で事前に読んだポーランド関係の本にも詳しく紹介されていたので、私はここに行くのを楽しみにしていた。Fさんは学生食堂で何人かのポーランド人の女学生を紹介してくれた。それからは若くて美人

ワルシャワ大学日本語学科の学生達と

のポーランド人女学生と日本語でおしゃべりすることが楽しみで、何度も足しげく学食に通い彼女達の日本語会話のにわか指南役となった。

■コンパートメントにて

ポズナン国際見本市の取材を終えた私は、ワルシャワへの帰路、バルト海に面する港町グダンスクへの日帰りの旅に出かけた。この街は14世紀のハンザ同盟以来の歴史をもつ古い都市である。第二次世界大戦の幕が切って下ろされたのもこの街で、ドイツ海軍は電撃的にこの港に侵攻しポーランド軍の守備隊を殲滅した（注③）。

私はこの街の美しい旧市街とバルト海を見たくて、ポズナン駅を早朝6時半に出る特急バルチックに乗り込んだ。列車は15分ほど遅れ何の合図もなく発車した。父親と娘らしき1組が通路の窓越しにホームの御婦人と何やら話し合っていたが、すぐに私のコンパートメントに入ってきた。少女は私の前に、父親は私の横に席を占め新聞を広げて読み出した。少女は東洋人である私の顔を珍しそうにじっと眺めている。こういうときには、ニコッとするに限る。しかし2～3回愛想笑いをして彼女の緊張を解こうとするがいっこうに効果がない。グダンスクまでは4時間近くもあるので、このままじっとダンマリでは何となく気が滅入ってしまう。

しばらく窓の外に流れる広大な田園風景に目をやっていたが、間もなく列車は小さな駅に停車した。私は鞄から地図を取り出してホームの駅名表示を地図上で照らし合わせようとした。慣れないポーランド語だからなかなか見つからない。指先をあちこち動かしていると、隣に座っていた父親が「ここだよ」と言わんばかりに地図上の一点を指で押さえた。見るとなるほど間違いない。私がありがとうというふうにうなずくと、少女もニコニコしながらこちらを見ている。

これでやっと緊張がほぐれた。少女の名はマグダレンナといった。父親に休暇がとれたので、2人で1週間バルト海の海辺に日光浴に行くという。ホームで見送っていたのは母親だった。小学生で10歳になったばかりのマグダレンナは、日本のことはほとんど知らないようだ。しきりに父親に聞いている。ポーランド語は全然わからないが、ヤポンスキ、ヒロシマ、ナガサキという言葉から、父親は娘に原爆のことを教えているのだろう。

父親の話に飽きたのか、マグダレンナは自分の鞄から何やらゲームらしきものを取り出し、窓際のテーブルに置いた。〝やってみない?〟というふうに目くばせする。〝Mastermind〟、当時欧州で大流行していた一種の色合わせゲームである。単なる色合わせなら言葉もいらないだろうと快く誘いに応じた。彼女はこのゲームに相当入れ込んでいるようで、私はとても敵わない。でもなんとか小1時間もの間、私達3人はゲームで楽しく過ごすことができた。おかげで、ニェビェスキ（青）、ゾルテ（黄）、チェルボーネ（赤）というポーランド語をしっかり覚えることもできた。それ以後、レストランでポーランド名物のバルシュチュ（ビーツの赤いスープ）を注文するときも、「チェルボーネ」と言うだけで事足りるようになった。

ポーランドの人々は、親しくなるとすぐ自分の家に招待したがるほど歓待好きだそうだ。しかし列車の中での行きずりの人にまでこうも親切にしてくれるとは思わなかった。奥様が作ったのだろう、サンドイッチや卵焼き、サラミソーセージ、この国では貴重品のビーフの焼肉など、どんどん食べろと言って渡してくれる。マグダレンナは自分のお菓子箱から棒チョコを取り出して私の掌に置いてくれた。彼女はオレンジジュース、父親と私はウォッカで乾杯だ。窓の外には緑あふれる平原や白樺まじりの森が交互に現れては消える。ちょっとしたピクニック気分の中で、ついつい一人旅の身が寂しくなってきた。いっそのこと、この親子と一緒にバルト海の浜辺まで行ってしまいたいという気持ちにもなっていた。

ゲームに興じるマグダレンナ

列車は30分以上も遅延し、グダンスク駅のホームにすべり込んだのはすでに正午近かった。お互いの言葉が通じない5時間余りの道中の終わりが近づき、席を立とうとすると彼女は「今日の記念に」と言ってMastermindを私にくれた。去り難い気持ちを振り切ってホームに降り立って振り返ると、マグダレンナがいつまでも小さな手を振り続けていた。

■監視国家

グダンスクでは時間があったので、小一時間ほどの港巡りの遊覧船に乗った。私は最後尾のデッキで風に吹かれながらカメラのファインダーを覗いていた。すると突然背後から男が私のカメラを奪い取り、素早くフィルムを抜き取って海に投げ捨てた。私が「カメラを返してくれ」、と大きな声で抗議すると不承不承に何か喋りながら返してくれた。私はうっかりしていた。共産圏では空港や港でカメラを持っているだけでもスパイと見なされることをすっかり忘れてしまっていた。カメラを海に投げ捨てられなかったのは幸いだった。案の定十数分後に遊覧船は大きな巡洋艦の目の前を通過した。こうしたトラブルには滞在中に何度か出くわした。

ブルガリアの黒海沿岸のバルナ空港で、チェックインを終えて出発ゲート前のチェアに座っていると、20～30メートルほどしか離れていない目の前の誘導路に戦闘機が現れた。当時最新鋭のソ連製のミグ25によく似ている。私は運悪く膝にカメラを置いていたので空港の監視員に咎められた。幸いにも隣に座っていた女性が「この人は普通の旅行者よ。写真なんか撮ってはいないわ」と言ってくれたのだろう。監視員に向かって毅然とまくし立ててくれたので事なきを得た。数分後、戦闘機は耳をつんざくばかりの爆音を残して離陸していった。

当時の東欧諸国では空港、港、鉄道、鉄橋、駅、政府の重要庁舎などすべて写真撮影はご法度だった。しかし、まさか城跡巡りで拘束されるとは思ってもみなかった。

ある日の午後、日本大使館からの誘いでワルシャワを訪問中の広島からの訪問客に同行することになった。大使館からは三等書記官が案内するという。昼食後郊外の城跡に行こうとホテルを出発し、30分ほど走ったところで空地に車を止めた。1時間ほど城跡をブラブラと散策して戻ると、7〜8人の兵士が車の周りを囲んでいる。私達が近づくと一人の兵士が自動小銃をこちらに向け、手をあげろと言いたいのか銃口で指示する。驚いて私達が言われるままに従うと、鞄はもちろん上着やズボンのポケットまで調べられ、鞄とカメラは没収された。何がどうなったのか分からないうちに時間が過ぎてゆく。三等書記官氏はワルシャワに赴任して間もなかったのでポーランド語もまだ拙い。でもどうにか通訳をしてくれた。「我々の車がワルシャワ条約機構軍の管轄する土地に無断で入った」ということのようである。そうこうしているうちに時間は4時間以上も経過し午後6時を過ぎた。タバコは没収されなかったので、何本も吸い続けてしまいイライラも募るばかり。将校クラスとおぼしき一人が無線でしきりに何処かと連絡しあっているが、なかなか埒があきそうにない。我々の身分がはっきりとするまで解放される見込みがなさそうだった。

午後8時頃になって将校がようやく緊張感の解けた顔をして、「You are free!」と短く英語で言った。6時間の拘束だったが、警察に連行されなかった分だけ良しとしなければならない。もし大使館の書記官と一緒でなければこうはいかなかっただろうと思う。

当時の東欧諸国は厳格な監視社会で、これは外国人に対しても同様である。旅行者はホテルのチェックイン時にパスポートと航空券をレセプションに必ず預けなければならない。ホテルは宿泊者の個人情報を所管の治安当局に報告する義務がある。ときにはパスポートをチェックアウト時まで返してくれないホテルもあった。出国時のフライトももちろん同時に報告されるが、自分で勝手に旅程を変えてフライト予約を変更しても、当局には航空会社から連絡が行く仕組みになっており、それをこの旅の最後で知ることになる。

■プラハへ

旅の最後の訪問地はチェコのプラハ。クラッシックファンならドボルザークの〝新世界〟やスメタナの〝我が祖国〟などで、東欧諸国の中では日本人が最も親しみを覚える国である。70歳以上の方なら、1964年の東京オリンピック女子体操のチャスラフスカ選手の美貌を覚えている方も多いのではないだろうか。

しかし、この国の人々にとっては、1968年に〝プラハの春〟の自由化がソ連軍の戦車によって蹂躙されてから後は、日本はますます遠い国になっていた。東欧の中では反体制知識人の活動が最も盛んなこの国では、保守強硬派が牛耳る政府が彼等の監視をひとときも緩めず、〝プラハの春〟を謳歌した国民に根強く残る〝自由への憧憬〟を消し去ろうと必死だった。旧市庁舎広場の居酒屋で、あるチェコ人の青年と話をしたが、諦め切ったように表情に元気がない。別れ際に「〝百塔の町〟の美しさを楽しみにしてきたのに、こんなに修理中ばかりじゃつまらないね」と私が言うと、彼は「塔に限ったことじゃない。この国のすべが〝修理中〟なのさ」と皮肉たっぷりに言った。この旅では多くの人達に出会ったが、最も印象深かったのは、ひとりのチェコ人との偶然の出会いである。

5月中旬、私はブルガリアのソフィアに滞在していた。ホテルのレストランで昼食をとっていると、一人の紳士が私のテーブルにきて「座っていいですか？」と聞く。ロビーで何度か見かけた人だったので「いいですよ」と応えると、「夕方の飛行機までたっぷり時間があり過ぎて困っている。一緒にウイスキーでも飲みませんか？」と言う。レストランでは、折しも結婚式を終えたグループがワインをくみ交わしながら祝賀パーティーをやっており、私もビールでも飲もうかと考えていたのでちょうどいい誘いだった。

彼はチェコでも有名なクラッシクのギター奏者でプラハ音楽院の教授だった。1週間の予定でブルガリア公演に来たのだという。2人で何杯もウイスキーをオーダーしながら、昼過ぎから午後4時頃までお互いの国のいろいろなことを話し続けて意気投合、別れ際に名刺を交換し合った。「ミラン・ゼレンカといいます。プラハに来たら必ず電話をください。歓迎します」という彼の言葉に甘えて、私は再会を楽しみにプラハにやって来た。

■知識人の憂鬱

彼の家はプラハ市街が一望に見渡せる郊外の高台にあった。約束の午後6時ピッタリに指定されたバス停に私が現れたことに彼は大変驚いたようだ。家までは徒歩で数分の近さだった。応接間に通され、再会に感激してしきりと「ワンダフル」を連発するゼレンカ氏から奥さんを紹介され、3人そろってソファに腰かけた。

ソフィアのホテルでも聞いていたが、彼の奥様はチェコでも有名な現代音楽の作曲家で、父親は著名な画家という芸術一家である。夫妻にはマイクという小学生の子供が１人いる。生活は驚くほど極めて質素で、家の中を案内してもらったが部屋数もそれほど多くなく庭も狭い。浴室のバスタブには赤サビもついている。プラハ音楽院の給料はそんなに低いのか。彼に質問すると、「ああそうです、地下鉄工事の労働者より安いです」と答えた。日本円に換算すると２万円ちょっと、労働者は３万円ぐらいが相場だという。知識労働者が単純労働者よりも報酬が低く抑えられているのである。音楽家だけではなく、法律家も大学教授も普通の学校教師も給料が大変安いという。チェコの知識人抑圧は反体制活動家に限ったものではなく、一般知識人の待遇にまで及んでいた。ソフィアのホテルでは、私が政治的な話題を持ち出すとすぐ口をつぐんで、〝No, it's a political!〟と言っていっさい話そうとしなかった彼も、自分の家の中なら安心なのか、ビールのグラスを重ねるたびに口元がゆるみ、政府批判めいた微妙な話もいろいろとしてくれた。

彼はときどき西独やフランスなど西側諸国へ演奏旅行に出かけるという。しかし、彼の奥様はまだ一度も西側へ行ったことがない。政府が亡命を恐れて奥様にパスポートを発給しないからである。１９７８年の夏、ウインブルドン選手権で優勝したM．ナブラチロワ選手は、１９７５年にチェコからアメリカに亡命した選手だが、決勝戦応援のため英国に行くことができたのは彼女の母親と妹だけで、父親には出国の許可が与えられなかったと言われている。彼の場合もこれと同様である。だから西側への演奏旅行に出るたびに、奥様の代わりに買い物をして帰ってくる。お土産品を買うのではなく生活必需品を買って帰るのだ。

東欧の先進国といわれるチェコですら、その製品の質の悪さを彼は嘆いていた。マイクの洋服などは西独へ出たときにまとめ買いをするそうで、国内ではほとんど買わない。同じ東欧でもブルガリア等のバルカン諸国の国々に比べると、チェコの商店のショーウインドーは、一般の旅行者には比較的豊かなように見えるが、よく見るとどれも画一的で多様性がなく、欠点がやたらと目につくようだ。まれにどこかの店でいい物が出たという噂を耳にしても、それから行って買おうとしてもすでに遅い。自分がいいと思ったものは必ずそのときに買っておかないとすぐになくなる。新しく取り寄せるのに数カ月かかるというのが日常なのだ。そういうわけで、知的な音楽家一家の欲求を満たすものを手に入れるには、それこそ掘り出し物を見つけるような覚悟が必要なのである。

覚悟といえば、この国でもエネルギー問題は深刻である。東欧諸国はエネルギーの大部分をソ連からの供給に依存している。ところが、ソ連の供給余力も石油生産の将来に不安があることから、将来はかなり見通しが暗い。省エネ運動も、さすが社会主義国なので日本よりもはるかに徹底している。東京の銀座にあたるプラハ随一の繁華街バーツラフ通りでも夜のネオンは少なく、街灯も3本に1本の割でしか点灯していない。この通りにはパトカーと警官の姿がやたらと目につき、歩道を行く人々の表情にも緊張感が漂っている。

夏の間は陽が沈むのが遅く、午後9時を過ぎてようやく夕闇になるプラハであるが、まだ明るいというのに午後7時頃になるとレストランやカフェ以外のほとんどの店は早々と閉じてしまい、道を歩く人もめっきり少なくなる。昼間は大勢の観光客で賑わった有名なカレル橋も無気味に静まりかえる。夜も10時を過ぎれば中世に築かれたこの橋のいかめしい門をくぐるのも、ちょっとした肝試しにもなるくらいだ。橋の両側に立ち並ぶ30聖人の立像が、この漆黒の闇の世界では逆に恐ろしい悪魔のように見える。

ついつい話がはずんで、いつの間にか11時を過ぎてしまった。ソフィアでの偶然の出合いが縁となりプラハでの印象深いひと時を過ごした私は、「ご夫妻がいつか一緒に日本へ来られるようになればいいですね」と、日本での再会を約束した。タクシーをつかまえるのが難しいからと、わざわざ表通りまで出てきてくれた彼らと握手を交わした。私は東欧での最後の夜をチェコ人家庭の暖かいもてなしで過ごせたことで、大きな満足感がこみ上げてくるのを抑えることができなかった。

■エピローグ

最終日、レセプションでチェックアウトの手続きをしていると、「Mr. Araki 電話ですよ」と受付の女性が受話器を差し出した。出るとお世話になったチェコ商工会議所の担当者だった。「部屋にいなかったので繋いでもらいました。Mr. Araki は明日のフライトを今日に変更したんですね。空港で待っています」と言ってすぐに切られた。私は彼にフライトを変更したことをあえて連絡していなかった。接遇する外国人がチェコを出国するまでは、その動静をつぶさに監視するのが彼等の仕事である。取材先にも彼らが先に行って私が来るのを待っていた。それにしてもあまり感じのいいものではない。空港に着くと2人がルフトハンザのチェックインカウンターの所で待っていた。にこにこしながら私に近寄ってきて、「1週間の間、至らぬことがあったかもしれないが、無事終わって良かったですね」と英語で型どおりの別れの言葉をくれた。私は事前にフライト変更を連絡しなかったことを詫び、覚えたばかりのチェコ語で「ジェクーイ　ノホークラット」（いろいろとありがとう）と丁重に挨拶し握手して別れた。

プラハの思い出

フランクフルト行きの機内から眼下に広がるチェコの田園を見下ろしながら、私は肩の力が少しずつほぐれてゆくのを感じた。幸いにも道中大きな事故はなかったものの、共産圏の東欧一人旅はやはり緊張の連続であった。フランクフルト空港に降り立つと、これまでとはまったく違う空気を感じた。2カ月余りの間、日本での日常とはまったく違った〝違う世界に身を置いた〟のだから。〝鉄のカーテンの向こう側〟は新聞や雑誌からの通り一遍の浅薄な知識では到底、理解しがたい世界だった。〝共産圏の国とはどういうものか一度覗いてみたい〟という生半可な気持ちで行くところでは決してなかった。

帰国後は虚脱感から、溢れたモノと人込み、喧騒にまみれた東京の繁華街に出かける気がしなくなり、東欧の広々とした田園風景や素朴な人達との思い出に浸る日々が続いた。お世話になった人達に落ち着いてお礼の手紙を書いたのも2カ月以上経ってからだった。年末になって数通のXマスカードが来た。その中の1通は、ポーランドでお世話になったワルシャワ大学日本語学科のエバさんからだった。「今私は日本ではなく北朝鮮に朝鮮語の研修で来ています。いつか〝海の向こうの〟日本に行きたいです」と書いてあった。北朝鮮に返事を出しても届かないと思い、ワルシャワ郊外ブオーニェの彼女の自宅宛に出したが返信はなく、彼女とのやりとりはそれっきりになった。

この原稿を書きながら書斎を整理していたら、いろいろと当時の懐かしい地図、写真やスライド、絵葉書が出てきた。懐かしさのあまり、チェコのゼレンカ氏にもう一度コンタクトできないかと思った。インターネットでウィキペディア等をはじめいろいろな情報源を検索してゆくうちに、彼の息子さんのホームページを発見した。その中に彼のメールアドレスがあったので、早速長いメールをしたためて返事を待った。２日後に息子さんから返事が来て、お父さんのメールアドレスを送ってくれた。ソフィアのホテルで一緒に酔っ払ったこと、プラハの自宅で夜遅くまで政治談議をしたことなど、いろいろと書き綴って送った。

３日待ってようやく彼の返事が来た。「私はもう高齢で記憶がほとんど定かではありません。ソフィアのホテルでよほど酔っぱらったのでしょうね。そのときのことはほとんど覚えてないのです。申し訳ありません。素晴らしい本が出来上がることを祈っております」と短いがしっかりとした英語で書かれていた。おそらく１９８９年のビロード革命後の急速な自由化で、閉ざされていた西側諸国との音楽交流が堰を切ったように活発化し、彼も世界中の音楽界の人達との交流で忙しい毎日を送ってきたのに違いない。40数年も前の旅の道中で出会った日本人の若者のことなど忘れたのかもしれなかった。私のメールが忘れていた暗い時代を思い出させたのかもしれなかった。私はメールを出したことを後悔した。旅の想い出はそっと記憶に留めておくべきだったと。

（おわり）

注①：チェコスロバキアはビロード革命後の1993年に、それまでの連邦を解消し、チェコとスロバキアとに分離した。本稿では以下チェコと短く記した。

注②：1968年4月に始まったチェコスロバキアでの民主化運動。ドプチェク共産党第1書記が「人間の顔をした社会主義」を掲げて指導したが、同年8月ソ連の軍事介入で挫折した。

注③：1980年8月グダンスク造船所で労働者のストライキが発生、これを契機に発足した自主労組「連帯」のレフ・ワレサ氏がポーランド自由化運動のリーダーとなって1988年の総選挙で大勝して政権を掌握、その後の東欧民主化運動の先駆けとなった。

私の好きな旅とサッカーの雑感

伊藤　廉

■サッカーは世界の共通語

知らない人、世界の人との距離が縮まるのが旅だ。旅をすることは知らない人の中に入っていくことだ。日本では知らない人に挨拶することは少ないが、海外では知らない人同士で挨拶を交わすのが普通になっている国や人々も多い。ヨーロッパでの生活が長い二女から、挨拶の大切さを教わった。店舗、コンビニなどに入るときは黙って入らずに「Hello!」と挨拶をすること、カウンターでは必ず挨拶してから会計することを教えられ、旅先でそのとおりにすると和んだ雰囲気でやり取りが進んで助かった。挨拶は世界の共通語だ。

挨拶と同じようにサッカーも世界の共通語といわれている。私はサッカー部に所属していた高校時代にそのことを聞いた。ボールひとつと少しの地面があれば誰でもプレーできるサッカーは、50年以上前でもグローバルスポーツになっていて、サッカーを介して世界の人々とコミュニケーションできるといわれていた。そして当時のサッカーW杯には約80カ国・地域が参加し、1964年の東京オリンピックの94カ国と同じ規模の大会になっていた。1968年のメキシコオリンピックで銅メダルを獲得し得点王になった釜本選手は、高校生になって野球をやろうと思っていたところ、監督からサッカーをやれば世界中を旅できると言われてサッカー部に入ったという。

新潟県の柏崎高校サッカー部にいた私は世界を回るようなことはなかったが、春休みの関東遠征で国際試合のような経験をしたことがあった。それは、日本代表が大勢いる三菱重工と東京在日朝鮮サッカークラブとの定期戦があり、その前座試合として私の高校と朝鮮高校が対戦したときだった。相手チームの選手同士のやり取りは朝鮮語なので、フリーキックでどんなプレーをしてくるのかがわからず戸惑った。また観客も在日朝鮮人の方がほとんどで、外国でのアウェーの試合のようだった。当時の北朝鮮のサッカーはレベルが高く、1966年のW杯・イングランド大会では優勝候補のイタリアを破ってアジア代表として初めて決勝トーナメントに進出し、世界を驚かせるような強豪国であった。

高校卒業後、サッカーをすることはなかったが、テレビで「ダイヤモンドサッカー」という番組をときどき見ていた。それは、サッカー専門誌でしか名前を知ることができなかった世界の名選手や、ヨーロッパ、南米のプロチームの試合を見ることができる貴重な番組だった。日本のサッカーは、メキシコオリンピック以降「サッカー冬の時代」といわれる停滞が長く続いた。しかし、高校サッカーだけは国立競技場を舞台に想像力あふれるプレーで盛り上がっていた。また、日本代表や企業主体の日本リーグのチームが伸び悩んで結果が出せない中、高校生中心のユース代表は世界大会でも活躍していた。そこには、高校生がこの番組から世界の一流選手のプレーを吸収し、レベルの高い技術と想像力を発揮してゲームを盛り上げていたことが背景にあったのではないだろうか。サッカー関係者の中には、この番組があったから今の日本サッカーがあるのだという人もいる。ただ、その高校生達も卒業して大学や社会人のチームに入ると、強みの想像力を発揮できない状態が長く続いたように思う。

しかし、日本サッカーも１９９３年にＪリーグが発足して世界の国々から一流のプロ選手が日本に集って一緒にプレーするようになると、ダイヤモンドサッカーに影響された高校生だけでなく、プロになったＪリーガーも想像力あふれるプレーを身に着けるようになった。私もこの番組やＪリーグの試合を見て、世界の一流プレーヤーの名前をたくさん覚えることができた。そして、仕事やプライベートで海外を旅したとき、共通語のサッカーのおかげで、いろいろな国の人たちと友好を深めることができた。

■南米の旅

日本の裏側に位置する南米は、情熱にあふれた人々と雄大な自然、そしてインカ帝国などの古代遺跡といった印象が頭に浮かぶ。遠い国だけに本当の姿を見ることができなかったが、

1998年に南米の都市交通・インフラの調査団の一員としてブラジル、アルゼンチン、チリの三国を訪問する機会があった。当時の南米は、失われた80年代という経済の長い低迷から脱して安定に向っていたが、その後、BRICS（これから著しく経済成長が見込まれる発展途上国）と称され、今に至っている。私たちは、地下鉄などの都市交通の整備状況を調査するためにサンパウロ、リオデジャネイロ、ブエノスアイレス、サンチャゴのメトロ本社を訪問し、現地の運行状況、建設現場などを見てまわった。

三国の中で地下鉄建設の歴史が一番古いのはブエノスアイレスで1913年の開業、サンパウロやサンチャゴは比較的新しく1970年の開業ということだった。メトロ本社での説明や現場の運行状況、建設現場の様子からは日本と変わらない技術力を持っているように思えた。ただ、長い経済低迷の影響なのか、地上の道路渋滞を解消するための新線建設は予算不足で進展せず、世界銀行やアメリカ開発銀行からの融資に奔走しているところで、日本からの融資も期待していた。そのためか、ブエノスアイレスでは65年間使った地下鉄の古い車両を更新するに際して、日本から100両の中古車両を安く輸入して運行していた。実際にその車両にも乗ってみた。当時の営団地下鉄・丸ノ内線の赤い塗装の車両や座席シートがそのまま使われていて、非常口の表示も日本語だった。地球の裏側で丸ノ内線に乗るという驚きの経験をした。

ところで、南米はサッカーが盛んな国が多い。そこで、休み時間や休日を利用してサッカーゆかりの場所を訪ねてみた。

■サッカー王国ブラジルのスタジアム

リオデジャネイロの中心にあるマラカナン・スタジアムを訪ねた。世界でも最大規模のサッカー場だ。現在の収容人員は8万人だが、1950年に完成したときは20万人を収容し、想像を超えるような規模だった。30年前に観客席の落下事故があったため規模を大幅に削減して改修し、今にいたっている。70年以上前にこれだけのサッカースタジアムを作るブラジル人のサッカーへの情熱を感じた。

マラカナン・スタジアム（1998年当時）

W杯の優勝回数はブラジルが5回、そしてイタリア、ドイツが4回、アルゼンチンが3回と続くが、このスタジアムなどを舞台にブラジル人の悲喜こもごもが繰り広げられている。ブラジル大会の決勝はブラジルとウルグアイの対戦だった。1950年のW杯ブラジルは逆転負けを喫して初優勝を逸し、「マラカナンの悲劇」と言われた。その64年後の２０１４年W杯ブラジル大会の準決勝が南部のミネイロン・スタジアムで行なわれ、ドイツに１－７で惨敗して「ミネイロンの惨劇」と言われた。ブラジルの新聞はこの試合を「史上最大の恥」、「ブラジルは殺された」といった見出しで酷評した。その2年後、２０１６年のリオデジャネイロ・オリンピック決勝では再度ドイツと対戦してＰＫ戦までもつれ込んだ。そして最後のキッカー・ネイマールがＰＫを決めてオリンピック初の金メダルを獲得し、「マラカナンの歓喜」と喜んだ。ブラジル人の喜怒哀楽、そして国民や新聞の表現力の豊かさを感じた。

日本のサッカーも、２０２２年のW杯カタール大会ではドイツを破って「ドーハの歓喜」を味わい、30年近く前の「ドーハの悲劇」を乗り越えて決勝トーナメントに進んでいる。そして、２０２３年のヨーロッパ遠征で再度ドイツ代表を４－１で破って、かつてサッカー後進国といわれた日本がサッカー一流国に参入してきた印象を世界に与えている。そのときドイツの新聞が、日本選手のプレーに比べてドイツ選手のそれは想像力に欠けると批判していたように、日本のサッカー選手は国内外を問わず想像力豊かにプレーする選手が多くなった。そこには、国内外のリーグを越えて選手が自由に移籍できる環境になり、世界トップレベルのプレーに日常的に接するようになったことが背景にあると思われる。また、「ダイヤモンドサッカー」以来の、海外の一流選手から技術を吸収する貪欲さが時間を経て今の選手に定着したことも要因の一つではないだろうか。さらに、ブラジルから単身で日本に来たセルジオ越後氏のように、日本のサッカー選手や少年にブラジルサッカーの想像力あふれる技術と楽しさを伝授し、辛口の批判で日本代表を鼓舞するレジェンドがいたことを忘れてはいけないと思う。

世界の一流選手と交流して切磋琢磨することの大切さは、サッカーに限らずほかのスポーツ競技にも共通のことだ。今、かつては世界の壁が厚かった陸上短距離などのグローバルな競技で、日本選手が世界を相手に大活躍するようになったのは、選手自らが進んで世界のトップ選手と交流し切磋琢磨していることにあると思う。そして、停滞する日本社会や日本企業も、若きアスリート達が世界に目を向けて行動する姿勢に学び、あとを追いかけることで日本の明るい未来が見えてくるのではないだろうか。

■ブエノスアイレスのストリートサッカー

ブエノスアイレスの空港に到着した。空港ビルから外を見ると海があるように見えたが、聞いてみると海ではなくラプラタ川だという。河口に近いので川幅は50キロメートル以上あるという。川の向こう側はウルグアイの街だ。その日は晴天で見通しも良かったので、対岸の街のビルがうっすらと見えた。雄大な風景が日常の中にあることに感動した。

その日は休日だったので、バスでホテルに着いて荷物を置いたあと、サッカー好きの同僚3人で市街地を散策した。古くからある港に近いボカ地区に行ってみた。ボカ地区の住民の多くはヨーロッパ系で、中心にあるカニミートと呼ばれる通りは観光名所になっていた。路上ではアルゼンチンタンゴの踊りやアコーディオンの弾き語りがあったり、鮮やかな色の家や劇場、レストランなどが連なり、そこには古き良きヨーロッパの風情が表れているようだった。しばらく歩くと大きなサッカー場が見えた。ラ・ボンボネーラと呼ばれるスタジアムで、かつてアルゼンチンの英雄・マラドーナが所属した人気サッカーチーム・ボカジュニアーズのホームスタジアムだ。スタジアムの中を見ることはできなかったが、二十歳のマラドーナがここでプレーをしていたことを想像すると感慨深いものがあった。

奥の通りに入っていくと、道の脇にある小さな広場で小学校低学年の少年4人がサッカーで遊んでいた。体は小さいけれどボール扱いや体の動かし方は将来のプロをめざすものを感じさせた。そのプレーをしばらく見たあと、一段落したところで一緒にゲームをやろうと身振り手振りで申し込んでみた。少年たちも最初はアジア人のおじさん達に戸惑い警戒していたが、2カ月前に開催されたフランスW杯で日本に1－0で勝利したアルゼンチン代表の名前を思い出し、あなたがバティストゥータ、そっちがシメネオと少年たちに役割をいってやると、にっこりした目に変わってゲームの準備ができた。15分1本勝負のつもりだったが、それが少年たちに伝わったかどうかもわからずにキックオフとなった。遊び心で始めたものの、少年たちのテクニカルな動きに対抗しなければならず、おじさん達も必死になってボールを追いかけた。しかしゴールキーパーのいないゲームだからあっという間にシュートを打たれて1点を取られてしまった。フランスワールドカップの再現と危機感を覚えたのかどうか、3人のおじさん達は年甲斐もなく真剣になり、少年達への戦略を練った。その甲斐があったのかどうか、走り回るだけでなく、空いたスペースを利用してゴールを目指した結果、2点を取り返すことができた。そして、おじさん3人とも疲れ果てたので、試合終了を申し出て了解してもらい、結果を確認する儀式もなく少年たちの肩をたたいてゲームオーバーとなった。

ストリートサッカー（ブエノスアイレス）

　そのあと、記念に少年たちの写真を撮ろうとしたところ、3人が間髪を入れずにボールを真ん中にして一人がボールの上に足を乗せ、肩を組み合ってプロサッカー選手のようなポーズを取った。

こちらもプロのカメラマンにならなければと思いながらシャッターを押した。少年たちとストリートサッカーで友好を深める中で、南米のプロサッカー選手はこんな環境の中から生まれるのだと感銘を受けた。

ブエノスアイレスを出発する日、アルゼンチン土産に革製のジャンパーを買おうとして一人で繁華街に向かった。店の下調べができていないから、出発までの時間の中で探すのが大変だった。アルゼンチンはスペイン語だから会話もできず店の表示もまったくわからない。英語のスペルと同じような単語はほとんどないから想像力も働かない。アパレル関係の店を何軒も回ってみたが目的の物を置いているような店が少なく、入って商品を探そうとしても会話が成立しない。そしてアジア人の客がほとんどいないので店員にも警戒される雰囲気だった。

そんな中、ある店に入って商品を物色していると、奥の方に座っている店主らしき人がこちらを見て手招きをした。黒い山高帽に眼鏡とひげの格好なのでユダヤ人ということがすぐにわかった。近づくと、あなたはどこの国から来たのか、何を探しているのかと英語で聞いてくれた。それに答えると、アルゼンチンへ来るのは初めてかと聞かれたので、初めてだけれどディエゴ・マラドーナとマリオ・ケンペスはよく知っていると答えた。すると、「オー、マリオ・ケンペス！」と言って笑い出した。マリオ・ケンペスは1978年のW杯アルゼンチン大会でアルゼンチンが初優勝したときのエースストライカーだ。日本人がそんな名前を知っていることに感激してくれたようだ。これを機に会話が弾み、商品をいろいろと推薦してもらい、お気に入りの革ジャンパーを無事に買うことができた。そして会計するときに、空港で申請すれば税金が返ってくること、そして申請する空港内の場所まで手書きしてもらった。言葉が通じず日本人が珍しがられる中で親切にしてくれたユダヤ人店主もありがたかったが、友好を深めるきっかけになったサッカーにも感謝した。

■サッカーの聖地・ロンドンのウェンブリー・スタジアム

二女の留学先を訪ねて妻と一緒にロンドンを始めとしたヨーロッパへ行く機会があった。初めてのヨーロッパで期待も大きかった。まずはサッカー発祥の地として象徴になっているウェンブリー・スタジアムでサッカーの試合を見たいと思い、試合日程を調べてみると２０１４年W杯ブラジル大会の壮行試合としてイングランドVSペルーの試合があることがわかったのでチケットを二女に取ってもらった。

午後の開始時間に合わせてスタジアムのあるウェンブリーパーク駅をめざした。駅を降りるとスタジアムまでの長い通りには日本で見るのと同じように屋台やワゴン販売の店が並んで賑

サッカーの聖地、
ウェンブリー・スタジアムの前で

わっていた。そこで名物のフィッシュ＆チップスとビールを買い、荷物検査を受けたあと会場の席に座ってビールを飲もうとしたところ、そんなことをしている人は周りに一人もいなかった。何か間違ったことをしているのではないかと不安になったが、荷物チェックは通ったのだから、さっさと食べて飲んで終わらせてしまおうとしたところ、慌ててビールを半分こぼしてしまい、周りの観客に謝ったりで踏んだり蹴ったりだった。知らない土地で日常の中にすんなりと入り込むのは難しいものだと感じたが、周りの人から咎められることもなかったので一安心した。

そして試合のセレモニーが始まった。ペルー国歌斉唱のあと、周りの人たちが一斉に起立するのに合わせて私たちも立ち上がり、イングランド国歌「God・Save・The・Queen」の斉唱が始まった。一緒には歌えないけれど、半分イングランド人になったような気分で歌が終わった。そして周りの若者達の「レッツゴー」の掛け声のあと場内アナウンスと音楽が鳴り響き、観客に配られた紙製の鳴り物が打ち鳴らされ、キックオフと同時にスタジアムは最高潮となって私たちも一緒に応援に加わることになった。試合は一進一退が続いたが、イングランドのコーナーキックからの1点を契機に3－0でイングランドの勝利となり、観客も大いに盛り上がって壮行試合は無事に終了となった。

イギリスでは一時、フーリガンという過激な若者のサポーターが話題になったが、そんな観客はまったく見られず、若者たちもイギリスらしい紳士・淑女の雰囲気の中で応援していた。ナショナルチームの試合だからかもしれない。ただ、スタジアム内の音楽や多色のライトを使ったパフォーマンスは日本には見られないもので、コンサート会場のように観客を盛り上げる演出は圧巻だった。

■ロンドンの街と地下鉄・逆走事件

ロンドン滞在中は二女が住むフラットと称する家に宿泊し、ここを拠点にロンドン市内や少し足を延ばしてフランス、ベルギーの町などを旅した。

あるとき、家を出て歩道を歩いていると、イギリス風の上品な服装をした老淑女から○○スーパーはどこにあるのかと聞かれた。偶然その日に行ったことのある店で道順を知っていたので、片言の英語で教えてあげた。そして丁寧なお礼をいただいたあと別れた。日本では、日本人がイギリス人に道を聞くということはまずないと思う。ロンドンで、知らない人同士が路上で分け隔てのない会話をする経験をして、不思議な感覚を覚えた。

ロンドンの中心に行くときは最寄りのクラッパムサウス駅から地下鉄ノーザン線を利用していた。中心部のキングスクロス駅などへ1本で行けるので便利だった。ロンドンを訪れる観光客は年間で約2000万人というが、街中が観光スポットになっているので観光客も分散している。そのため、街の中が混雑している印象はなく、いろいろなところを落ち着いて見てまわることができた。大都市なのに時間がゆっくりと流れているように感じた。

ある日の夜8時頃、家に帰るため繁華街の駅から妻と2人で地下鉄ノーザン線に乗った。この時間帯の地下鉄はいつも混んでいることが多かったが、そのときはすいていて2人とも席に座れた。目的の駅まで1本で行けるのでゆっくりできると思った。しばらくして途中の駅に着くと大勢の人が降り、車両の中は2人だけになった。こんなにすいているのもラッキーだなと思っていると電車はすぐに出発した。乗客が少ないせいかガタンゴトンという振動音が目立っていた。しかし、人気のない妙な雰囲気を感じたので両隣の車両を改めて確認すると誰一人として乗っていない。そこで初めて気がついた。この電車は先ほどの駅が終点で乗客をすべて降ろし、今は車庫へ向かっているのだと。目的のクラッパムサウス駅への途中で終点になる電車があることを知らなかった。そういえば少し前の車内アナウンスで、この駅でどうのこうのという説明のあったことを思い出したが、すでに手遅れだ。妻が「どうしよう」と聞くので「このまま車庫まで行くしかないな」と返したら、妻は「運転手さんのところに行ってくる」と言うなり、さっさと先頭の車両に向かって早足で歩き出していった。その間すでに2～3分は経っているから電車も相当の距離を走っているはずだ。しょうがないなと思いながら妻のあとを追っかけて歩き出したそのとき、急ブレーキがかかって電車が停車した。前方を見ると、先頭車両の方で妻が車掌らしき人と何か話をしているのが見えたので慌ててそこへ向かった。近づくと車掌が真っ赤な顔をして私の方を見た。そして、ここに座っていろと私たちに手で指示した。これは大変なことになったという思いと同時に助かったというような妙な気分になった。車掌が車内電話で運転指令室と思われるところとやり取りしていたが、しばらくすると電車はゆっくりとバックし始めた。そしてスピードを上げたと思ったらまた停車して電話のやり取りが始まり、それを3回ほど繰り返すと暗いトンネルの向こうに前の駅の明るい光が見えてきた。そして、命拾いをしたような気分で駅に到着した。車掌がこちらに近づいてきて、ここで降りろと手で合図したので、ドアが開いたところでプラットフォームに2人で降りた。そのあと、すぐにドアが閉まって電車はまた車庫の方へと走り出していった。私は、どうして車内に残っていたのか等の尋問をされたり始末書を書かされたりするのかと思っていたので拍子抜けしたが、何のお咎めもなく無罪放免となった。電車を逆送させることは一大事のはずだけれど、ここでは何事もなかったかのように終わったのでホッとした。今回、私は電車運行の安全を考えて何もしないでいようと思ったが、妻は現状を打破しようとして積極的に動いた。結果的にロンドンでは妻の行動が功を奏した。しかし、もし日本で同じ状況が起こったとしても、こうはならないのだろう。ロンドン地下鉄の柔軟かつ迅速な対応に感謝しながら帰路についた。

■旅することの楽しさ

松尾芭蕉の「奥の細道」をどことなくめくりながら、各地での芭蕉の思いを読むと、旅することの奥深さを感じる。どこを旅してもその楽しさにはさまざまなものがあって尽きることがないが、中でも外国の旅は文化の違いもあってエキサイティングで感動的な場面も多い。

旅を繰り返した分、生きることへのエネルギーになるだろうと思いながら、これからも楽しい旅を続けたいと思っている。

（完）

わたしの旅の思い出

小野　恒

仕事や観光で日本や海外のいろんな場所を訪れた経験があります。とくに記憶に残っている興味深い体験について記してみました。

「新島」

新島へは、仕事で何度か通いました。調布飛行場からの飛行機が便利で、40分で着きます。搭乗した飛行機は10人乗りでしたが、私が指定された座席は、何とパイロットの副操縦席でびっくりしました。パイロットが操縦桿を動かすと同じように副操縦席の操縦桿も動きます。初めての経験で緊張の連続。相模湾上空を有視界飛行で飛び、晴れた日の低空飛行でしたので眺めは良く、下界の船の動きもよくわかり楽しいフライトでした。とくに、新島空港への着陸体勢に入ったときは足が突っ張り、無事着陸したときは心の底から安堵しました。今は副操縦席に乗せるフライトはなくなり、こういった経験はできなくなりました。

新島空港到着後、取引先の会社から現場移動用の自家用車を借用しました。仕事が終わり、空港で返却するときは、キーをどこに置いておけばよいかと尋ねたところ、何と「キーを付けたまま空港の駐車場に置いといてくれ」とのこと。車が盗まれる不安はないですか、と聞くと、「島内の人はすべての人の車の持ち主を把握しているので、車の持ち逃げは絶対に起きないから大丈夫」とのことでした。
新島の近くには神津島がありますが、取引先の会社では、神津島に渡って仕事をするための船はもちろん、船舶免許も持っていて、自分で船を操縦して神津島に渡り仕事をするそうです。機動力がないと仕事はできないと認識しました。

新島の人口は、２４６４人（令和5年9月1日現在）

「三宅島」

三宅島へは東海汽船で、竹芝桟橋から乗船しました。まだ火山活動が収まっていないとのことで、亜硫酸・硫黄用の防護マスクが必要と聞かされ、乗船前に港で購入し持参しました。幸い使用することはなく、今も、未使用の防護マスクは家に眠っています。
当日は天候が悪く、翌日の船は欠航になるとのことでした。私たちを乗せた船は三宅島を出ると次は八丈島に向かい、再び三宅島に立ち寄り、竹芝桟橋へ向かうとのことでした。もし、その船に乗り遅れると、いつ東京へ帰れるかわからないので、三宅島に着くと慌てて仕事をこなし、その船の到着を待っていたことがあります。

三宅島の人口は、２２７９人（令和5年9月1日現在）

ヤシの木の一種、シンノウヤシを八丈島で有効利用しようとの研究開発プロジェクトを立ち上げ、私もメンバーの一人として加わりました。八丈島での開発会議に参加するため、羽田空港から八丈島空港に向かった飛行機が、何と八丈島空港の上空まで飛行してきたのにもかかわらず、視界不良のために着陸できず、羽田空港に戻ってきてしまいました。仕方なく、次のフライトに乗るために空港のロビーで出発のアナウンスを待っていましたが、どうも聞き逃したようで、気がついたときは、すでに出発した後でした。

八丈島空港へのフライトは、1日に4便ありました。始発で行く予定が6時間ほど遅れてしまい、結局、会議に出席できませんでした。私より先に八丈島に入っていた研究開発チームのメンバーの方には迷惑をかけてしまい、事情を説明し、謝りましたが、「八丈島ではよくあることですよ」と言われ救われました。その後は、努めて前泊するようにして、余裕をもって仕事に向かうようにしました。

八丈島の街中には、大きな丸い石で造られた綺麗な石垣がところどころにあります。島には大きな川がないのに、丸い石をどこから運んできたのかと不思議に思って尋ねたところ、「島流しにあった人たちに、下の海岸から石1個を運んできたら、おにぎり1個を上げるからと言って運ばせた」とのことで、実際には大変な作業であったと思いました。

かつて八丈島には、東京都では珍しい地熱・風力発電所があり、私も数回見学したことがあります。この発電所は、東京電力パワーグリットが1999年（平成1）3月に運転開始して、2019年（平成31）3月まで運転されていました。その後、2022年にオリックスによる新たな地熱発電所が開始される予定でしたが、2024年まで延期されることになりました。完成したら全島の電力を賄えるとのことで、完成が待たれています。

八丈島の人口は、6988人（令和5年9月1日現在）

「小笠原・父島」

小笠原・父島は、飛行場がないため、現在は小笠原丸（1万1036トン・全長150メートル）だけが定期運航しています。2023年12月までの時刻表は、1日目・東京竹芝桟橋11時発、2日目・父島11時着、3日及び4日目・父島泊まり、5日目・父島15時発、6日目・東京竹芝桟橋15時着の都合6日間の日程です。1航海では、父島の滞在時間が少ないと思われる方は、2航海目に帰る方もいらっしゃいます。

私達は、東京浜松町の竹芝桟橋から小笠原丸に11時に乗船し、24時間の船旅で翌日、父島に

11時に到着しました。幸い4人部屋の個室で2段ベッド2つとテーブルがついている1等船室に乗船することができました。2等船室の大部屋に比べて、個室は鍵を掛けておけば、安心して食事や甲板に出ることができますので、料金は少し高いけれどその価値はありますので、小笠原丸に乗船される場合は、1等以上をおすすめします。東京竹芝桟橋から約1000キロメートル先の小笠原・父島は、太平洋の外洋を進みますので、1万トンを超える大きな船といっても、想像を超えて大きく揺れることもあります。しかし慣れれば我慢できるようになるものです。途中は電波事情が悪いために携帯電話が通じない箇所もところどころあり、不便を感じることもありましたが、父島に到着したらすべての箇所で通じるようになり安心しました。

最初に父島に来たとき、出迎えの人が多いことに驚きました。気象庁・自衛隊・国土交通省・東京都・警視庁等々、多くの官庁の職員が勤務されていることを知り、他の島より出迎えが多い理由がよくわかりました。令和2年の国勢調査によると、父島の人口は2075人で、職業の内訳は、第1位が公務216人、第2位が宿泊業・飲食サービス業215人、第3位が建設業172人であり、公務の方が多いのがわかります。小笠原・父島に勤務されていた東京都のOBの方から、小笠原で2~3年勤務した方のOB会が毎年開催されていて、かなり盛会だと聞いていましたが、それもこちらへ来てから納得しました。勤務地が他の所では飛行場もあり、船便も毎日出ていることが多いのに、父島は小笠原丸だけが6日に1回しか来ないという不便な生活を共にした仲間の絆は自然と強くなるのでしょう。

小笠原・父島では、第二次世界大戦当時のまま残る戦跡、前線基地として要塞化した歴史の爪痕を見ることができます。地上戦の舞台とはなりませんでしたが、山の岩肌をくりぬいた壕、航空機や大砲の残骸、点在する小さな前線基地などをガイドさんに説明を聞きながら訪れることができ、戦争の大変さを少し理解することができました。

南島の東尾根からの眺め

南島の砂浜に点在する陸生カタツムリの絶滅種、ヒロベソカタマイマイの半化石

父島の南西に、小笠原島・南島と称する無人島があります。波が荒いと船を出すことができないので、ガイドさんが事前に状況を確認してから、宿舎に迎えに来てくれます。貴重な自然を守るため、南島への上陸時間や上陸人数（1日100人）の制限があります。また、島に渡る船に乗るときには、

靴をよく洗って、島に土を持ち込まないようにします。浜辺には、約1500年前のヒロベソカタマイマイの半化石が数多く転がっており、綺麗な景色です。東尾根からの景色は、真っ白な砂浜と青い海のコンラストは絶景で、映画やポスターにもよく使われます。父島に来たら、ぜひとも訪れる場所だと思います。

「全国高校野球甲子園大会」

1969年（昭和44）の夏、大学3年生のとき、岡山県新見市で新設ダム計画の測量実習を行ない、終了後、倉敷と小豆島へ立ち寄り、観光旅行をすることにしました。小豆島の旅館でニュースを観ていると、明日、甲子園球場で高校野球の三沢高校（青森県）と松山商業（愛媛県）の決勝戦が行なわれるとアナウンスしていました。そこで同行していた吉見君と一緒に甲子園球場に向かうことにしました。三沢高校は私の出身大学（弘前大学）と同じ青森県にある高校なので、どうしても三沢高校を応援したくなり、三沢高校応援団のアルプススタンドで必死に応援しました。「カチワリ」を何回も食べながらの手に汗を握る熱戦で、三沢高校の太田投手は何と1人で18回まで投げ切りました。が、残念ながら0対0で引き分けとなり、翌日、再試合になり、結局、三沢高校は優勝することはできませんでした。

感動的な試合に立ち会えたのは、楽しい青春の思い出です。三沢高校が準優勝で終わってしまったので、東北勢としては、その後、２０２２年（令和４）、仙台育英高校が優勝して深紅の優勝旗が白河の関を超えるまで、長い時間がかかりました。

「フライト」

バンコクから香港へのタイ航空の飛行機の中で、のんびり映画でも観て過ごそうと思っていたところ、隣の座席のスイス人が親しげに、「アジアでは、どこの飛行機の機内食が美味しいと思う？」と尋ねてきたので、私はシンガポール航空が美味しいと思うと言ったところ、「タイ航空の方が断然、美味しいと思う」と言い張るので、適当に応えておいたら、配られた機内食を見て、「タイ航空のビジネスクラスの機内食は、いいでしょう」と同意を求められたので、仕方なしに応えた思い出がありました。しかし内心ではシンガポール航空のほうが美味しいと思った思い出があります。

「バタム島」

インドネシアのジャカルタからバタム島へ向かう飛行機の中で、ジャカルタからバタム島の往復航空券が当たる抽選会がありました。私と同行の斎藤さんがCAさんに引き役として指名されたので、くじを引いたところ、私が引いたくじが斎藤さんに当たり、斎藤さんが引いたくじが私に当たりました。それでCAさんからインタビューを受けることになり、インドネシア語でお礼を述べたところ、乗客にイドネシア人が多いことから盛大に拍手をもらった思い出があります。

その往復航空券を、私は次回の仕事に使用しましたが、斎藤さんは有効期間の2カ月以内に使う機会がなく、往復航空券を失効してしまいました。

航空券の失効といえば、知人の岡部さんがゴルフコンペで優勝されて、優勝賞品が何とシンガポールからカナダへの片道航空券でした。が、これも使う機会がなく、失効させてしまい残念だったとおっしゃっていました。

別の機会に、日帰りでバタム島を訪れたとき、仕事が終わり空港で帰りの便の手続きをしようとチケットを差し出したところ、満席で搭乗できないと言われてしまいました。「リコンファーム（予約確認）をされていないので、他のお客様に販売してしまった」とのこと。日帰りの国内線なので、リコンファームしなくてもよいことが多く、油断していました。結局、その日は帰れず、バタム島に宿泊することになってしまいました。後になってわかったのは、どうも、役人が急いでジャカルタに行く必要ができて、リコンファームを忘れた私達のチケットを販売してしまったようでした。その後は、日帰りの国内線であっても、必ずリコンファームをするようにしましたので、もうそのようなことはありませんでした。

「メダン」

インドネシアのメダンからジャカルタへ向かう航空機内でのこと。搭乗者が少なく、ビジネスクラスは私だけでした。

暇そうにしていたＣＡさんが突然、私の隣の席に座って、「今度、国際線への昇格試験があるので、外国人と会話したい。相手をしてもらえないか」とのことで、30分程度、雑談に応じました。昇格試験には無事合格したと思っています。

「ジョクジャカルタ」

ボルブドウールの遺跡が有名なジョクジャカルタで、日本から来られた先輩を案内しようと空港で待っていたところ、バリ島へのフライト時間が迫っているとのことで、短時間で見学できる空港近くのプラバナン遺跡に行先を変更しました。私がプラバナン遺跡の説明をしていたところ、後ろのポケットから財布を盗む気配を感じたので、「シアパ、チィダボレ（誰だ、ダメだ）」とインドネシア語でとっさに叫ぶと、若者が驚いて逃げていき、災難を免れることができました。それ以来、後ろのポケットには、貴重品を入れないようにしています。

「成田」

お正月に帰省するため、ジャカルタから成田への夜行便を12月30日に予約していました。ところが、日本では考えられませんが、1月2日に仕事ができてしまいました。仕方なく、仕事を終え、2日の夜の便に乗ろうとしたところ、ビジネスクラスは満席でファーストクラスしか空いていなかったので、追加料金を支払ってファーストクラスに乗りました。座席はフルフラットですので、ぐっすり眠れると思っていましたが、隣の席の男性が話しかけてきて、「私は機長で成田に着いたら、帰りの便に機長として搭乗します。ガルーダ・インドネシア航空ではよくあることです」とのこと。国内線では、見聞きしたことがありますが、まさか国際線でも行なわれているとはびっくりしました。私は、眠いので寝ようと思っていましたが、話し好きの機長の話は止まらず、帰りの便が心配になった思い出があります。

「エアーズロック」

オーストラリア旅行では、エアーズロックが印象的でした。ケアンズからエアーズロックへ行きました。ウルル（エアーズロック）に到着し、ホテルに行くバスの中で、同行の人がサングラスを飛行機の中に忘れてきたことに気づきました。ホテルに到着後、飛行会社に連絡すると、「サングラスは保管しています」と言われて、さらに何と「お泊りのホテルまでお届けします」とのことで、感激しました。

現在は、エアーズロックに登ることができないようですが、幸い私たちが訪ねたときは登れたので、持参した軍手が役に立ちました。チェーンを頼りに岩山を登るので、素手では大変です。下山して、これから登る人を見ると、軍手を持参してない人が多く、余分に持って行った分も差し上げたら、大変喜ばれた思い出があります。

「ケルン」

ドイツのケルンの大聖堂を見学していたとき、添乗員から「大聖堂前の広場には、子どものジプシーがいるから、パスポートや財布を盗られないように気をつけて」と念押しされていたのにもかかわらず、同行者の一人がバスに戻ってパスポートがないことに気づいて、大騒ぎになりました。パスポートがないと帰国できませんので、助手の添乗員に付き添ってもらい、領事館にパスポートの再発給をしに行くことになりました。領事館に着くと、ケルンの警察からすでに連絡が入っていて、パスポートを届けてくれることになっていたので、同行者の到着を待っていました。

盗られたパスポートはなぜ戻ってきたのか。広場の監視を行なっていた私服の警察官が、パスポートが盗まれる現場に遭遇し、犯人を現行犯逮捕できたので取り返すことができたとのことでした。

パスポートが戻ってきたので、同行者は半日程度の遅れで残りのスケジュールを全うすることができました。その後は、皆が貴重品の扱いに注意するようになりました。

私が経験したいろんな旅の思い出を羅列しましたが、読んでいただいた方が旅行されるときに、少しでも参考にしていただければ幸いです。

家族を伴っての帰国の旅

鹿島孝和

「赴任地クウェイトでの生活」

当時勤務していた会社では、海外勤務者が1年以上の在勤が予定される場合には、事前に許可を得て家族を帯同し、または呼び寄せることができる社内規定がありました。その規定に私も該当していたこともあり、現地に私が赴任して3カ月余りで会社の委託を受けた旅行代理店が妻と娘の渡航手続きを行ない、赴任地まで送り届けてくれました。

二人が成田を出国したのは12月中旬過ぎであったため冬服での出国でした。給油と旅客の乗降のためマニラ、バンコックを経由しクウェイトまで16時間の旅程で夜に到着しましたが、冬服のままでも暑いという言葉を発することなく業務関係者の住居が立ち並ぶキャンプ地に落ち着きました。

昼間は気温が50℃以上にもなる灼熱の世界ですが夜は暖房が必要な世界に変わります。また、夜間は湿気がひどく雨樋なしの屋根から雨だれのようにぽたぽた水滴が落ち、早朝には地面がまるで雨上がりのような状態となります。そのため寒い日本から来た妻と娘にはクウェイトの夜の気温には違和感がなかったのかもしれません。

我々の業務はクウェイト政府の政策として首都のクウェイト市郊外の砂漠地 Ardia 地区にクウェイト人の遊牧民を集めて定住させるための町を建設するもので、日本企業とインドの国営企業とのＪＶ（ジョイント・ベンチャー＝共同企業体）によるターンキープロジェクトでした。

発注者のクウェイト政府国家住宅公社（ＮＨＡ）とＪＶ間に締結された協定では、３３１７戸の住宅、13の学校、10のモスク、８つのショッピングセンター、68キロメートルの国内道路、１９５キロメートルの下水管の建設、電話中継局等を建設するという膨大な事業で、当時原油産出に伴う豊富な資金による贅沢な計画の建設でした。しかし同時期には王宮・中央府庁やクウェイト国際空港建設をはじめとする大型公共工事事業が複数進行しており、それらに比べ当該プロジェクトは優先度が低かったのか、プロジェクトは資金不足に陥り建設費の支払いが遅れたため建設期間が延び、完成が数年遅れました。そのため建設工事が完成しクウェイト国家住宅公社に引き渡される前に入居予定者として選ばれた遊牧生活者たちの一部が完成している住宅に少しずつ入居し始めてしまいました。しかし、長年の遊牧のテント生活から一戸建てのコンクリートブロック造りの住居に入ったものの遊牧の習慣からなかなか抜け出せず庭にテントを張って生活する家族が多数おりました。

日本の建設会社から派遣された滞在員は全員単身者でしたが、私が属していたコンサルタント会社の派遣社員は家族での滞在者が多く、日本人7家族、イギリス人3家族で、単身者は5名ほどでした。娯楽がほとんどなくアルコール類の入手が困難で禁酒国だったこともあり、会社は妻帯者を主に派遣していたようですが、単身者の中にはストレス蓄積が原因と考えられる体調不良になってしまい、任期途中で帰国を余儀なくされる社員もいました。

インド企業の滞在者は単身者がほとんどで妻帯者は少数でしたが、それでも日本人家族の数倍は滞在しており、業務を通して仲良くなったインドの技術者の家族から夕食に招待されたこともありました。

業務関係者が住んでいるキャンプ地は広く、住人の中の日本人とイギリス人の住居は安全上や相互協力等のため隣接していました。しかし、大多数がインド人であったため戸外を歩くとどこに行ってもインド人がおり彼らの住居からのカレーの匂いでインドに住んでいるような錯覚に陥りました。

その他の住人はパレスチナ人、エジプト人、フィリピン人等国際色豊かな人々が住んでいました。

住居はキャンプ内に置かれたトレーラーハウスに家族単位で住んでおり、各戸には数台の一体型エアコンが設置されてありました。窓、そしてエアコンの取り付け部の隙間から目には見えない小さな砂が入り込むのを防止するため目張りのためテープを貼り付けておりましたが、微細な砂は空気のようなもので目張りをしても入ってしまうため、床のカーペットに付いた砂の除去は欠かせず、いつも砂埃との戦いでした。

エアコンの稼動騒音はひどいのですが、夜10時頃になると戸外が急に冷えはじめ、薄い壁のトレーラーハウスの室内も外気温に連動するかのようにすぐ冷えるのでエアコン冷房ではなく暖房が必要になり、就寝から夜明けまで電気ストーブをつけての生活でした。

●砂漠の中のゴルフ場

そのキャンプ地に隣接した区域は砂漠ですが、よく固まった砂地といったところでしょうかサラサラした砂地ではなく半砂漠と呼ばれる区域で車は自由に走らせることができました。その区域にはときどきベドウィンと呼ばれる遊牧民が羊を連れてやって来てテントを張り、そこで2~3週間生活をします。しかし、そのベドウィンはある日突然他の場所に移動しますのでその場所は誰でも使用できるようになります。

したがって、その半砂漠地を整備して娯楽と運動のために9ホールのゴルフ場をプロジェクトの先輩たちが造ったものが放置されておりましたので、ゴルフが趣味の私は少し手を入れるだけで使用できるようなると考え、インド人の協力を得て整備し使用できるようにしました。

しかし厳しい気象条件から通常のグリーンができないので直径5メートル程度の範囲の地面に原油を撒き固めた場所をグリーンとしましたが、使用日毎にホールの場所を移動することは締め固め作業に時間を要することもあり固定のホールのグリーンでした。

一カ所のグリーンを造成するための締め固めにはドラム缶一杯（200リットル強）の原油を使いグリーンとはいうものの真っ黒なグリーンでした。

夜は冷えてしかも多湿であるためか、あるいは砂漠の動物は夜行性なのか昼間は見ることがない猛毒のサソリがグリーン上のホールに入っていることもあり貴重な体験をしました。

ベドウィンのテントはいつも1張りで一人だけで遊牧生活をしていましたので少し注意をするだけでゴルフは支障なくプレーできました。

彼がテント生活をしていた間、幾度となく話す機会がありましたが、わたしのアラビア語の語学力では挨拶程度しかできなくて意思疎通は上手くできませんでした。キャンプ地に隣接するテント住人の何人かの男性のベドウィンの人と知りあいになりましたが、ほとんどの人の目は充血していました。多分微細な砂が空気みたいに常時舞っているのでその細砂害のため目が傷ついてしまって赤い色の目をしているのではないかと思いました。

早朝の砂漠には大小のトカゲがみられ、その中の小さなかわいいものを捕まえ家に持って帰ったところ娘が喜んでペットとして飼っておりました。エサは昼間戸外に無数に飛んでいるハエを捕まえトカゲに与えておりました。ハエは宮本武蔵ではありませんが箸で摘まんで捕れるほど無数に飛んでおり、昼間戸外に出ると体の露出部分の目・口や腕等にくっつき、いくら払っても次から次と止まられるためトカゲの餌には不自由しませんでした。

●社員の子どもたちの生活

昼間は非常に暑くて子どもたちは戸外で遊べないので日が落ちて涼しくなってから遊んでいました。とくにインドの人々は夜遅くまで遊んでおり、ほとんどの家庭の夕食は9時過ぎてからのようで、われわれの家族がインド人の家族に夕食を招待されたときも夜10時頃からの食事でした。

日の出前になるとキャンプ内にあるモスクや礼拝堂からアザーンと呼ばれる祈りの呼びかけが大音量で流されて起こされるので十分な睡眠時間がとれる環境ではなく、慣れるまで寝不足での一日の始まりでした。しかし、その環境に慣れてしまうと不思議なものでアザーンを聞きながら定時まで寝ることができるようになりました。

われわれの事務所には日本人、イギリス人社員の他に現地採用の職員として事務職以外にも運転手、調理人、雑務員、清掃員等としてインド人、パレスチナ人等30名程度働いておりました。とくにパレスチナ人からは雇用の機会があることで感謝されていたようです。

パレスチナ人の運転手は運転以外の雑用も気持ちよくしてくれました。日に数回の祈りの時間でも運転中は祈りのため車を止めることはなく運転してくれましたので約束の時間に遅れるようなことは一度もなく大変助かりました。一例ですが、子どもを学校に送り届けてくれる途中で車が故障したときは、近くを走っていた車の持ち主にかけあい無事に子どもを始業時間に間に合うよう学校まで送り届けるよう手配してくれたこともありました。

また、パレスチナ人従業員の一人が結婚したときには、われわれが普段使用している大食堂を結婚披露宴の会場として提供したため、われわれも招待されパレスチナ人の伝統舞踊を鑑賞し大変珍しい料理に舌鼓をうつ機会があり貴重な経験でした。一方、結婚披露宴に参加していたパレスチナ人は全員イスラム教徒でしたが、女性はスカーフを着けることなく何人かはベリーダンスをしたのには驚かされました。もしかしたら結婚式では例外としてイスラム教の経典コーランにおける神の規範に従わなくてもよいのかもしれません。

キャンプにはたくさんの子どももたちもいましたが、小学校に入学できる日本人の子どもたちのために大使館と学校の手続きは事務所でやってくれ、入学前に妻と娘は日本人学校へ行き校長に面接を受け日本語が理解できることで入学許可を得ました。入学金を含め学校に納入する費用はすべて会社の負担で学校に通わせてくれ助かりました。四国程度の面積しかない小国ではありますが、当時日本人滞在者の同年齢の子どもは多く、その年の日本人学校への入学児童数は13名だったと記憶しております。

私の娘はキャンプ地に着いた翌日にはイギリス人の同年代の子どもたちとお互いに言葉が通じないのに仲良く遊んでいましたが、一週間もしないうちに双方とも日本語と英語での意思疎通がとれるようになり少しの不自由もなく遊ぶようになりました。

キャンプ場内にはインド人経営の雑貨店がありその裏ではホブス（ナンと同じような味ですが丸い形のもの）を焼いており、朝食用に娘とよく買いに行きました。10枚で1ＫＤ（当時のレートで約１００円）でしたが娘は必ず１枚余分にくれるよう交渉して貰っていました。クウェイトでは値段交渉して買い物するのが普通で娘は今でもよく買い物では値段交渉して楽しんでいます。

●クウェイト政府のお抱え役人

前述のとおりクウェイト国営事業の建設工事でしたが、クウェイト人に建設工事を指揮監督する人材が非常に少なかったこともあり設計変更や追加工事等の認可はクウェイト政府に雇用されているエジプト人が担当していました。エジプト人の中には優秀な人材が多数おりましたが、設計変更の認可には長い時間が必要で苦労しました。たとえば１・０メートルの物品搬入口の張り出し床を１・５メートルに変更するのに原設計では検討されていない歪みの検討を要求され無駄に時間を費やしたことを記憶しております。エジプト人たちは自分たちの任期を延ばすためにやっていることであり決して意地悪でやっている訳ではないと後で聞かされ納得しました。

それらのエジプト人の中にもわれわれ日本人の技術を吸収したいという技術者もおり、お互いに設計について議論したこともたびたびありました。私が帰国の途中エジプトに寄る計画があることを知った技術者の一人から彼の本国の家族に500ドル届けてほしいと依頼されました。少額であることから快諾し出発前日までに持ってきてほしいと言いました。出発前日、彼は現金を持参し少し多くなったけど1000ドルでもよいかというので問題ないと言ったところ非常に喜んで、目の前で封筒に入れてもらい封筒には彼の署名と1000ドルと明記してもらい糊付けしたものを預かりました。今思うと当時の1000ドルはエジプト人にとっては大金であったろうに、それを日本人の私に託するのですから日本人はとても信頼されていたようです。

その後、カイロ空港着の日時と便名を伝えたところ彼の家族が空港まで迎えにきてくれるとのことでそこで会うことになりました。

●旅の準備

赴任後1年間を経過すると社員は社内規定で全員4週間の休暇を得る権利を有しますので、その4週間を利用してヨーロッパを旅行するというのが社員の楽しみのひとつでした。

また、帰国する社員は4週間の休暇を有効に使ってヨーロッパを旅行しながら帰国するのがほとんどでしたので、われわれも皆と同様に帰国旅行することにし、訪問地を選び、日が決まると同僚に旅の助言を受けました。同僚の家族の中にはローマ、パリでスリや置き引きに遭った者もいて、そのときの話を詳しくしてくれました。われわれはそれに遭わないようにするため、貴重品は日本で妻が作った娘のリュックサックの中に入れ、少額の現金は私のジーンズのズボンの内側にポケットを妻に作ってもらいそこに隠しました。

また、宿はエジプト以外の国では着いた空港の観光案内所で紹介してもらうのが安心で安いところを紹介してくれること、また、ルクソールではホテルでガイドの手配を頼まないとどこを見たらよいかわからないのでガイドの手配を必ず行なうこと、同僚が案内してもらったガイドは日本語が話せ人柄も良かったということで彼の名前を教えてもらう等、貴重な助言を受けての帰国の旅となりました。

「ギザのピラミッド」

最初の訪問国イタリアのミラノからの便は定刻どおりにカイロに到着したのですが、当時のカイロ空港は狭く混雑しており荷物受け取りまで相当時間を要しました。その便の乗客の中には日本人はわれわれ3名だけだったため出迎えの人たちとは問題なく会うことができました。空港から予約していたホテルに行くことになりましたが、彼らの家がホテルの近くであるということと午前中であることから彼らの家に寄った後、ホテルに行くことにしました。寄った家では昼食の準備をしてくれており、そこの家族と親戚の人たちと一緒に食事をすることになりましたが、その前にクウェイトで預かった封筒を出し、その場で開封してもらい1000ドルを確認してもらい宛名の人に渡しました。食後はホテルに連れて行ってくれるものとばかり考えておりましたが、迎えにきてくれた中の1人が私の家に泊まりなさい、ホテルの予約は取り消しておくと言うので（相当固辞はしたのですが彼らの熱意に負けた感じで）彼らの意見に従うことにしました。

妻と娘がギザのピラミッドを見に行きたいと言うので彼らに案内を頼みました。後で聞いたのですがエジプト人でカイロ住民の彼らでもギザのピラミッドには女性の方は一度も行ったことがなかったそうで一緒に行けてよかったと話してくれました。私たちにとっても都合が良かったのは、皆でクフ王のピラミッドの中に入る際その中の一人が娘を抱っこして玄室まで往復してくれたことです。

玄室に行くには通路の高さが低く腰を屈めて進まなくてはならないので大変でしたが、季節が5月初旬ということもあって観光客の数が少なく玄室までゆっくり登れました。

間口5メートル程度の細長い広さが30畳以上はあるかと思われる大きな玄室は通気孔からの風があり疲れ切った体には涼しく感じられました。玄室に着いたときの室内は無人でわれわれ6人だけでした。玄室に置かれている蓋のない大きなくり抜かれた花崗岩はクフ王の石棺であるというのが定説ですが、蓋がないのは不思議です。石棺の上部には蓋を止めるための小さな孔や蓋を載せるための受台があるため4500年前の当初は蓋をする計画があったものと推測できますが蓋の欠片さえ見当たらないことを考えると、もしかしたら石棺に破損している部分があり王の棺としては不適で使えないと考え石棺は完成しなかったのではないか、あるいは蓋は花崗岩の共蓋ではなく黄金の蓋だったかもしれないと思えました。なぜなら、盗掘した盗賊がほとんど価値のない花崗岩を小片にして持ち去ったとは考えにくいのですが、もし価値のある黄金の蓋だと持ち去った可能性が大いにあると思ったからです。または、この玄室は見せかけのものであり実際の玄室は別の場所にあるのではないかとも考えました。

当時ピラミッドやクフ王についての説明や案内板など皆無だったため勝手に想像しながらの見学でした。

玄室を出て幅が狭く低い高さの下り通路を経て外気に触れたときはほっとしました。

娘は少しも疲れていないようで外壁に何人か登っているのを見て自分も登りたいと言いだし

ピラミッド登りを手伝ってもらった
ギザ地区の少年たちと

ました。そして近くにいたエジプト人の小学5、6年生くらいと中学生くらいの少年3人と何やら話をしていたようですが、彼ら3人に助けてもらって少し登り満足していました。

多分その少年たちがたむろしているのは観光客から小銭を貰うのが本来の目的だと思われますが、東洋の女の子にアラビア語で話しかけられたため本来の目的を忘れてしまったようでしたが、娘の希望を聞いてくれたこともあり4人一緒の写真を撮りポケットにあったコインを3人にあげたところ大変喜んでくれました。

外壁を登るのは今考えると危険な行為であったと思いますが、当時は何の規制もなく自由に登れたため危険だとは思いませんでした。

それでも一緒に仲良くしてくれた少年の協力があったため小学1年生でも途中までですが登ることができたことは今となってはとても良い思い出となっています。

ピラミッドの外ではラクダ使いが執拗にラクダに乗るよう誘ってきましたが、娘はクウェイトでラクダの気性が荒いことをよく知っていたので自分からラクダ使いに乗りたくないと言っていたようで、ラクダ使いは離れていきました。

周知のとおり、ギザには3大ピラミッドと呼ばれるクフ王、カフラー王、そしてメンカウラー王の3基の大ピラミッドが有名ですが、そのほかにも小さなものから崩れたもの等、相当数あり、当時はその全体数は公表されていませんでした。

しかし、一番大きなクフ王のピラミッド外壁は入り口付近から左右上下観察し石の大きさに圧倒されましたが、他の2基カフラー王、そしてメンカウラー王のピラミッドにも近くまで行ってよく観察してみると、3基の中で保存状態が一番良かったのはカフラー王のもので、もしかしたら建設費用も他のものに比べ多くかけたのではないかと想像しました。

また、崩れたピラミッドの一つにはそばまで行き一面に落ちている石を手に取って4000年以上前の人々の施工現場に来たような気持ちになりました。

すぐ横にあるスフィンクスの周りには人の姿はほとんどなくゆっくり見学できましたが、大ピラミッドに比べ人気がないのは、われわれが行ったときにはまだスフィンクスが造られた目的が解明されていなかったのがその理由の一つかもしれないと思います。したがって、現在スフィンクスの建造目的や建造時期が解明されつつありますので観光客の数も増加するのではないでしょうか。

当時はピラミッド群がある一帯は「立ち入り禁止、登るな、触るな」等の規制は一切なく自由に見学したり触れたりすることができ、古代人の知識や知恵の深さを身近に感じることができました。また、入場料についてはクフ王のピラミッド内に入るための料金が必要であったかどうか記憶がありません。もしかしたら一緒に来たエジプト人が購入してくれたのかもしれませんが、ポンド紙幣を渡した記憶はなく妻も支払っていないといいます。なお、当時ギザ地区全体域すべて無料で自由に散策できました。

ギザを後にしてその夜泊めていただく家に行くと娘と同年代の女の子がおり、すぐ仲良くなり遊んでいました。娘はクウェイト滞在中に少しアラビア語が分かるようになっていたこともあり子ども同士の意思疎通にほとんど問題はなかったようです。

夕食は、われわれ親子3人だけで別室でエジプト料理を食べさせていただきましたが、家族の方はわれわれが食べた残りを食べることが分かっておりましたので、われわれ親子は少ししか食べませんでした。

「カイロ国立博物館」

翌日は午後ルクソールに移動することが決まっていましたので、朝食後エジプト考古学博物館に昨日と同じ顔ぶれで行きました。朝早かったこともありますが博物館の前庭や入場切符売り場付近には見学客はまばらですぐに入場券を購入できました。博物館の入り口にカメラ持ち込禁止の立て札があったため博物館の入り口横にある荷物預かり所にライカM4と小さなローライ35を預け博物館の中に入りました。

博物館内にもほとんど見学客はおらず1階、2階の展示物ともにゆっくり見学できました。何といっても圧巻は2階のツタンカーメンの黄金のマスクや副葬品等の財宝が展示されている一角で権力のほとんどなかった若い王でさえこれだけの財宝がお墓に埋蔵されていたことを考えると、古代エジプト王の財力の大きさが想像できました。

2階の一角のミイラ室には妻と娘がとくに入りたかったようで2人分の入室料を払い入りま

したが、娘は無料でした。ミイラ室では妻と娘は多くの王のミイラを見てとても喜んでおりました。レベルが違い過ぎて比較するのは酷ですが、ペルーのクスコ博物館のミイラに比べると非常に丁寧に処理され保存状態もよく、とてつもなく強力な権力と財力を持った王であったことがわかります。

館内では2時間強エジプトの古代の王の巨大な権力を見せつけられたようでしたが誰にも気兼ねなく見学できたことは非常に幸運なことで、とくに娘の教育には良かったと思っています。

博物館から出ると連れて来てもらった3人が待ってくれておりました。彼らにみんなで昼食ができるレストランを探して予約してもらっていましたので、そのレストランに入りました。エジプト料理ではありましたが牛肉主体のもので、われわれ親子も美味しくいただきました。それにしても彼らの食欲には大変驚かされましたが、それも今となっては楽しい思い出となっております。

カイロからルクソールまでの機内は乗客が少なく子ども連れはわれわれ3人だけだったので、CAは娘といろいろな話をして娘に退屈にならないよう操縦室に連れて行ってくれたりして気を配ってくれました。数日後カイロに戻る飛行機の中でもＣＡは娘にいろいろな種類のお菓子を持ってきてくれ娘を楽しませていました。もしかしたらこれは航空会社の方針だったかもしれませんが、このときはエジプト航空に良い思い出を作ってもらいました。

「ルクソール観光」

ルクソールに着いたのは午後3時過ぎでしたが空港までホテルの車が迎えに来ており無事にホテルに着き受付では明日のルクソール全体の観光ガイドの手配を同僚が案内をしてもらったガイド名を伝え頼みました。

夕食までには時間があり暑くもなかったのでホテルの案内所でルクソール神殿に行く道を教えてもらい右手にナイル川を見ながらゆっくり歩いて行きました。神殿には観光客は一人もおらず城壁みたいな高い壁の両側に門番みたいな大きな石像の間を抜けて参道を歩きました。当時はいつでも誰でも自由に見学できる場所でありホテルでもらった案内図を見ながら誰もいない神殿を家族３人で散策しました。

ルクソール神殿入口付近

カルナック神殿第一塔門入口付近

翌朝ホテルの入り口にイスラム教徒であることが一目で分かるトーブを着たガイドが待ってくれており、彼の案内で最初は昨日行ったルクソール神殿から見学することにしました。昨日見て不思議でわからなかった神殿について日本語の堪能なガイドが詳しく説明してくれ理解できました。昨日同様神殿内には人影はなくゆっくり案内してもらいましたが多分滞在時間は1時間程度だったのではないでしょうか。

続いてガイドの案内でこの神殿より大規模なカルナック神殿まで馬車で移動しました。

この神殿にも観光客の姿は見えずガイドの案内で我々4人だけで広い神殿を見学しましたが、この神殿も入場料は要らなかったように記憶しています。

現在では石柱や壁等積年の汚れは取り省かれ三千年以上も前の彩色やレリーフが現れて見ることができますが、当時はレリーフの一部は見られましたが彩色が残っているとは想像もできませんでした。ただ自由に触ったり座ったりすることが可能で娘が立っている写真でその当時の状況がわかります。相当数の写真が残っていますが他の写真にもこの写真同様、妻や娘の姿以外の観光客の姿が写っていないことから誰もいなかったことがわかります。

この神殿の見学はルクソール神殿より少し長く2時間くらいかけてゆっくり散策しました。その後ナイル川をフェリーボートで渡り西岸の王家の谷を見学することになりました。

ナイル川の水はこの付近では濃泥色で渡し船のスクリューは見えないほどですが、ルクソールから上流のナイル川源流のウガンダのビクトリア湖の水もまた澄んではいませんが湖上に係留されているボートのスクリューは見えます。またビクトリア湖の湖北部でナイル川への流出口があるジンジャー（Jinja）にはわが国の援助で２０１８年に完成したアフリカ大陸最初の長さ５７０メートルの斜張橋である「ナイル川源流橋（Source of the Nile Bridge)」があり、ここから白ナイルが始まり５６００キロメートル下流はわれわれが渡ったルクソール付近です。

対岸の王家の谷がある西側への渡し船には、われわれのほかに7～8名のグループが乗船しており、全員で12名の乗客であり現在では考えられないほどのゆったりしたものでした。東岸の渡し船の船溜まりには数隻の観光用の船が係留されておりましたが客や船員の姿はなく閑散とした渡し場でした。

王家の谷ではいくつかの玄室を見学しましたが、現在のように整備されていなかったかもしれませんが玄室の壁画やレリーフ等など感嘆したものはあまりなかったようです。ただ、ツタンカーメンの墓は時間をかけて見ました。玄室には数人しかおらずツタンカーメンのミイラや一番外側の木製の棺、石棺等の周りには防護柵やロープなどなく玄室にいた人たちはそれらに手で触れながら和やかに会話をしておりました。しかし、われわれ親子はカイロ博物館でここから運び出された副葬品の数々を見ていたことと、ガイドの手を触れないでくださいというお願いに従い彼の説明を聞きながら何にも触れずゆっくりとした時間を過ごしました。多分、壁にも手を触れなかったと思います。

ツタンカーメンの墓を出て昼食をとるためガイドの案内でレストランに入ったところで妻が腹痛を起こしました。携帯してきた救急薬入れはホテルに置いてきており途方に暮れていたら、ガイドがレストランの店員に妻を休ませてくれるよう交渉してくれて2階で休ませてもらうことになりました。そこにはドイツ人の男性が体調を悪くして横になっておりました。われわれ父娘とガイドは食事を済ませ他の場所へ移動し見学を続けました。2時間ほど見学しレストランに戻ったところ、妻の腹痛は少し良くなっていたようでガイドから世話してくれた店員に1

ポンド渡してくれとの助言でそのようにしたら非常にありがたがっていました。後で妻の話で知ったのですが、その店員は温めたタオルをお腹にのせてくれ冷えたら温かいものに取り換えてくれ、それを何回も繰り返してくれたそうです。帰りの渡船上でガイドが昔からエジプトでは腹痛にはお腹を温めるのが一番の治療法だと話してくれました。

妻の腹痛はホテルに戻ったときには収まっていましたが、少し休んで夕食は控えたほうがよいと本人が言うので、娘と私はホテルの前で客待ちしている馬車に値段の交渉をしてルクソール市内観光することとしました。途中、市場に立ち寄りオレンジを2個買いジュースにしてもらい飲もうとしたところコップにハエが集まってきましたが、娘は手でハエを払いながら残さず飲み干しました。クウェイト滞在中にはもっと多くのハエと共存していたこともあり慣れたもので娘は腹痛にならずに旅を続けることができました。

ルクソールから空路カイロに着きアテネ行き便に搭乗する予定で航空会社の受付カウンターに行ったところ、「あなたが乗る予定の便は欠航です。また、明日アテネに行く当社の便はないので他の航空会社の便を探しなさい」という予想もしていなかった不運に遭ってしまいました。時間はかかりましたが、翌日の早朝便を探し受付をすまし、最初の受付カウンターで裏書きしてもらい、明日の早朝便を扱っているカウンターに行き航空券にスタンプを押してもらい、翌朝出発することになりました。

「旅のおわりはパリ」

翌日アテネに着き、ギリシャ7日間の旅の後、スペインでは8日間の旅を楽しみ、そのスペインのグラナダではレストランで中学生の旅行団と同じテーブルで食事をしましたが、彼らがワインを飲んで騒いでいるのを見て驚きました。

ノートルダム寺院最上部
回廊外の塔

旅の最後はフランスでしたが、写真のとおり当時はノートルダム寺院の最上部まで自由に行くことが可能で回廊の外側の塔にしがみついている娘の様子からもそれがわかります。また、ルーブル美術館には土・日の2日間かけてゆっくり見学しましたが、当時のルーブル美術館の入館者は少なく入場券はすぐ買え日曜日は無料でした。

ミロのビーナス像は階段の踊り場に無造作に展示してあ

り、学生時代、京都市美術館で開催されたときには入場券を買うために長時間並んだことを思い出しながら、ミロのビーナス像もこの美術館の収蔵品38万点以上ある中の一点だからなのかと思いながら直近で見ることができました。娘は気に入った王女の絵を観察しておりましたが何点か絵の前で写真を撮ってくれと頼んだので数枚撮りました。２日間のルーブル美術館の見学は娘にとって良い教育の機会でした。

帰国する日の朝、ホテルからタクシーで空港まで行くことにしましたが、途中トラック運転手のストライキに遭遇し高速道路上にトラックを停車して道路をふさいでおりました。このまま空港まで行くことは難しいので一般道に下りる許可をタクシーの運転手が求めたため、彼の一番良い方法で空港まで行くよう頼み、予定していた時間どおりドゴール空港のＪＡＬ出発便があるターミナルに到着しました。

「旅で心に残ったこと」

今回の旅で心に残っている出来事のひとつに、バルセルナ空港で紹介された宿であるガウディ設計のホテルに行ったところ、今夜は満室で申し訳ないと言って目と鼻の先にある宿を紹介してくれました。紹介された宿は１９３０年代後半のスペイン内戦時にも使用されたもので、とても広く壁には内戦時の銃弾跡が至る所に残っており、歴史的な建物の宿でした。主賓客以外の従者の部屋や洗面所も用意されており、われわれ家族3人には豪華すぎた感じがありましたが、ヨーロッパが豊かだった頃の名残を感じました。たしかにエジプトやギリシャの遺跡は偉大ではありそれらは後世まで残るものかもしれませんが、歴史的な建物であっても名もないこれらの建造物は時代と共に消えてしまうと考えると寂しくなります。幸いなことにグエル邸はユネスコの世界遺産に登録され、後世まで残る可能性は高いと思われますが、われわれが宿泊したホテルはすでに撤去されてしまったようで残念な気持ちです。

バルセルナ空港から宿までタクシーを利用しましたが、運転手がとても親切な人で、われわれが宿の部屋に入るまで親身になって世話してくれました。

今回の5カ国の旅では、いずれの都市でも親切なタクシー運転手の車に乗ることができ、またスリや置き引きにも遭わず楽しい旅でした。そして、現在では考えにくいことですが、クウェイトを出発し、パリまで5カ国4週間、そのほとんどが有名観光地周りであるにもかかわらず、その間、日本人らしき人を一度も見かけないままの旅でした。ドゴール空港のＪＡＬ受付カウンターで、日本人受付スタッフの対応でホッとしたことを覚えています。

（完）

思い出に残る旅の数々

呉羽和郎

このたびの共同出版テーマは「旅」とのことで、過去の人生を振り返ってみたが、【旅】といえば一人旅、家族旅行、修学旅行、組織の慰安旅行、組織の仲間との旅行、仕事中の出張を兼ねた旅行、退職後の仲間との旅行などさまざまな旅がある。最後はあの世とやらに旅立つのか、これは未知の世界でわからない。

旅に出たいと思う理由は、「景色」、「遺跡」、「歴史」、「絶景」などの珍しい光景には、言葉を失うほどの感動が待っているものだ。景色もまた、わざわざ遠くへ旅に出てこそ、その良さを実感できるのもその一つなのかもしれない。旅することで、写真や画像だけでは味わえない、感動的な本物の景色や遺跡を目に焼き付けることができる。その中から思い出に残る旅を4件ほど紹介したいと思う。

1．松尾芭蕉の「奥の細道」の句碑を訪ねてドライブの旅

今から330年余り前の江戸時代に松尾芭蕉が46歳のときに曾良を伴って江戸の深川を出発して東北から北陸を経て美濃国の大垣までを巡った「奥の細道」の足跡を、20年前の2003年に夫婦で巡ってみようと休みを利用して車で出発した。途中たくさんの名所旧跡を巡り、そ

の場所で詠んだ俳句とその地域の感想をあわせて記した石碑を探しながらの旅だった。芭蕉の奥の細道は、徒歩でおよそ１５５日間２４００キロメートルの道のりだった。

「奥の細道」というタイトルの意味は、東北への細い旅の道という意味のようだ。奥は東北地方、つまり「みちのく」をさす。細道は文字どおり、細い、心細い、頼りにならない道というような意味である。

＊深川から船で千住に上陸して草加・春日部・小山へ

初日は深川で紀伊国屋文左衛門の屋敷跡の清澄庭園の句碑「ふるいけや蛙飛び込む水の音」や芭蕉記念館を見学し、深川飯を食べゆっくりと探索した。芭蕉庵史跡展望庭園は芭蕉が深川から千住大橋までを船で出発した場所だ。われわれは隅田川沿いに千住経由で一旦帰宅した。

みちのくの玄関口にあたる千住神社の句碑「もの言えば唇寒し秋の風」を見てから日光街道を草加松原・越谷を通り春日部の観音院の句碑「もの言えば……」は千住神社の句碑と同じだった。国道4号線をドライブで杉戸公園の句碑を通り古河で光了寺の句碑「いかめしき音や霞の檜木笠」や野木の法音寺の句碑を見た後、小山の喜沢から4号線を離れ壬生道に入り、室の八島で大神神社の句碑「糸遊に結つきたる煙かな」を見て鹿沼から日光街道、杉並木街道に入り杉並木を少し散策して日光に向かった。

＊日光から白川・須賀川へ

日光に入り日光市役所近くの高野邸に句碑「あらふたと木の下闇も陽の光」があった。日光陽明門を潜った先の優雅な彫刻は陽明門も凌ぐといわれる唐門のある本殿を参拝した。東照宮宝物館に句碑「あらふたと……」があった。芭蕉も行ったという裏見の滝に向かう途中にも芭蕉の句碑「あらふたと……」があって、流れ落ちる滝の裏側に初めて入り感動した。今市から黒羽に向かい、修験光明寺跡の句碑と浄法寺跡の句碑を見て、途中で高久家の句碑を見て那須の殺生石に向かった。殺生石の句碑を見て芦野を経由して堺の明神の句碑を経て白川の関跡に到着した。関所跡にはカタクリの花がたくさん咲いていた。

白川市内で一泊して須賀川へと向かって句碑のある「乙字ヶ滝」へ立ち寄った。この滝は阿武隈川の舟運で最大の難所であり、滝の北側に船を通すために岩盤を削った運河跡が残っていた。須賀川から郡山を通り、二本松の「安達ケ原鬼婆伝説の黒塚」のすぐ近くの観世寺に立ち寄った。足立ヶ原の岩屋は大きな岩がお堂の屋根の高さまである奇岩や大岩を積み上げてあったのに驚いた。その大岩の裏側に蛇石・笠石（鬼婆が棲んだ岩屋）、夜泣き岩などたくさんの岩が重なっていた。鬼婆が京で大事にしていた姫とは知らずに妊婦の生き胆を取り出したら実は京の姫であったことがわかり鬼になったという伝説があり、そのときに使った包丁を洗った出刃洗いの池（血の池）があった。この黒塚は能や歌舞伎の題材になったぐらい有名だ。

白川藩は代々譜代大名が城主を務め、中でも松平定信は有名である。

＊福島飯塚から仙台へ

福島県庁近くで芭蕉の句碑と文知摺観音近くの三峰神社に句碑「早苗とる手もとや昔しのぶ摺」があった。文知摺観音から飯坂温泉の医王寺に向かった。医王寺は藤原秀衡が佐藤継信・忠信兄弟を源義経の家来に送り出したがその後、戦死した息子の佐藤兄弟と母親（乙和）の墓の傍らに樹齢数百年の古樹が数本あり、そのうちの一本だけは乙和が兄弟の死を悲しんだのか毎年「蕾《つぼみ》」はつけるが花は咲かないで落ちてしまう不思議な「乙和椿」があった。飯坂温泉の句碑「笈もたちもさつきにかざれ紙のぼり」を見て福島を後にして宮城県に入ったところの諏訪神社に句碑があった。奥州街道の難所の一つである鐙摺《あぶみずり》を見て4号線を通り白石を通過して岩沼市の句碑と阿武隈の松を見て仙台に向かった。

＊仙台から塩釜・松島へ

伊達62万石の仙台に入り榴岡天満宮に参拝した。陸奥国分寺跡の句碑を見て多賀城に向かった。多賀城碑（壷《つぼ》の碑《いしぶみ》）の横に句碑「あやめ草足に結ばん草鞋の緒」があった。長い階段を上り塩釜神社に海水をお釜に入れ煮つめて塩を作ったといわれる鉄製の御釜が祀られており、塩釜の地名はこの釜に由来したといわれている。芭蕉は塩釜から松島までは船旅だったが、わが方は車にて日本三景の松島へとドライブした。松島は雄島の句碑「松島や鶴に身をかれほととぎす」と瑞巌寺や五大堂、松島湾の島々の景色などが見事だった。

＊石巻から登米・一関へ

石巻は小高い見晴らしの良い日和山公園に芭蕉と曽良の像と句碑「雲折々人を休める月見か

な」があった。美しい市内の景色は今でも忘れることはないが、２０１１年の東日本大震災の後に見た景色は見る影もない有様になっていた。石巻を後に北上して鹿又の八雲神社の句碑「川上とこの川下や月の友」や柳津の句碑を見て一関街道を登米《とよま》へと向かった。登米神社の句碑「降津とも竹植る日は美能登笠」から宮城県と分かれ、岩手県の一関へと向かい市内で宿泊し、毛越寺を参拝して芭蕉の句碑「夏草や兵どもが夢の跡」を見て義経堂の句碑「夏草や……」を見に行った。中尊寺や金色堂の句碑「五月雨の降り残してや光堂」を巡りながら奥州藤原三代の栄華を瞼に焼き付けた。

＊鳴子から山刀伐峠を越え出羽街道へ

われわれは奥州から出羽への山越えの羽後街道に入り、鳴子温泉で宿泊。尿前《しとまえ》の関跡に句碑「蚤虱馬の尿する枕もと」があった。鳴子峡遊歩道があったので少し歩いてみた。鳴子峡は大谷川の峡谷が山塊を切り裂いたように左右の高さ１００メートルぐらいの断崖で空極の渓谷美といえるが、芭蕉の時代に遊歩道はなかった。芭蕉は中山宿の旧有路家《きゅうありじけ》住宅「封人の家」に宿泊した。「封人」とは国境を守る役人のことで、庄屋が務めており住宅、役場、旅館を兼ねていた。とくに堺田は名馬の産地でもあった関係で大事な馬が入り口で飼われており、おまけに芭蕉たちは一日中雨で足止めされ馬と共にいたのだろう。この建物は江戸時代初期に建造された重要文化財になっている。芭蕉が中山超えで最大の難所といわれる険しい山刀伐峠《なたぎり》を越えるために、封人の家の主人が脇差と樫の棒を持った屈強な若者を案内人に付けてくた。道は急な坂で二十七曲がりと呼ばれるほどの難所だったが、無事に峠を抜けたところで若者から「実は山賊が出る道であった」と言われ、ほっとして尾花沢に向かったようだ。わが車はトンネルで抜ける道を通過した。

＊尾花沢から立石寺（山寺）へ

尾花沢は、紅花で財を成した紅花大尽といわれる「鈴木清風」が江戸で芭蕉と親交があった関係で10日間も滞在したようだ。芭蕉・清風資料館と養泉寺（涼し塚）に句碑「涼しさを我が宿にしてねまる也」があった。芭蕉は天童から旧山寺街道入ったようだが、われわれは車で天童を経由して山寺芭蕉記念館を見てから山寺に登ることにした。山寺の根本中堂の堂内の「不滅の法燈」が千年を超え今もなお灯されていた。芭蕉と曽良の像と句碑があり、さらに登ると蝉塚があり、「静けさや岩にしみ入蝉の声」の句碑があった。性相院の左側に進むと五大堂・開山堂・納経堂があり、五大堂の展望台からの眺めは山寺随一の見事な景色だった。

＊大石田から最上川下り

山寺を後に大石田で宿泊して翌日は市内観光をした。高野一栄宅跡や西光寺に句碑「さみだれをあつめてすずしもがみ川」があった。大石田から新庄に向かう途中、鳥越に柳の清水跡の句碑「水のおく氷室尋ねる柳かな」があった。新庄の町並みを散策した後、本合海《もとあいかい》に芭蕉と曾良の銅像があり、芭蕉はここから船に乗り最上川を下ったようだが、われわれも少し下流の戸沢の古口の乗船場から最上川下りと洒落込んで草薙温泉降船場までを車の回送付きで船下りをした。下船してしばらく進むと清川関跡があった。ここは芭蕉が最上川舟下りで上陸した場所だが、この清川は幕末の志士「清川八郎」の出身地（豪農の生まれ）でもある。

＊羽黒山から月山・湯殿山へ

宿坊のある羽黒に到着した。芭蕉の旅から13年後に作られた随神門をくぐり石段を下り赤い神橋を渡って羽黒山まで２４４６段の石段が待っていた。樹齢千年とされる爺杉（婆杉は明治時代の台風で倒れた）は天然記念物である。参道の両側に国の天然記念物に指定された四百本を超える杉の巨木で薄暗くなっていた。国宝の羽黒山五重塔も高さ30メートル近くあり、下から見上げるとなお一層大きく見えた。石段の途中に芭蕉が宿泊した南谷別院の跡は直径1メートルほどの礎石と句碑「有難や雪をかほらす南谷」があった。出羽三山は山そのものに神が宿るといわれている。羽黒山は「現世」、月山は「死の世界」、湯殿山は「再生」を意味するといわれている。羽黒山頂にひときわ目立つ「三神合祭殿」は羽黒山、月山、湯殿山の出羽三山を合祀した神社を参拝して元来た長い石段を下りた。宿坊の精進料理は初めてだったがなかなか良かった。

翌日は月山登山用道路が運よく7月から開通していて終点の八合目の駐車場に車を置いた。弥陀ヶ原のなだらかな湿原を過ぎて登り始めてしばらくすると、途中で4、5人の山伏が飛び跳ねるがごとく下山してくるのと出会った。頂上までの道程は険しい所もあったが、1984メートルの頂上からの景色は見事で疲れも吹っ飛んだ。登山は約3時間程度であったと思うが元来た道を駐車場まで下った。湯殿山に向かうが途中に黒川能の里「王祇《おうぎ》会館」があったので寄り道をして国指定重要無形民俗文化財の能舞台を見に行った。休日にもかかわらず舞台を案内していただき、感謝して湯殿山に向かった。芭蕉はそのまま月山から湯殿山を目指したようだ。湯殿山の【かたるなかれ・きくなかれ】の戒めは湯殿山の神秘性をいやが上にも高めたのだろう。今でも撮影は厳禁だ。芭蕉の句碑「語られぬ湯殿に濡らす袂かな」があった。

入り口で素足になりお祓いを受けお守りと紙の人形をいただき、沸き出る赤褐色の湯でわが身の汚れを人形に移し橋から清流に流してから御神体（赤褐色の大岩）を参拝した。

＊鶴岡から酒田・象潟へ

鶴岡は酒井家14万石が納め幕末まで安定した治世が行なわれた。鶴岡で宿泊して市内を散策した。ここは藤沢周平の時代劇作品の舞台にもなっていて、作中では「海坂藩」と架空の藩だが、作品にまつわる実在する場所や逸話があることが多くのファンに知られている。時代劇『たそがれ清兵衛』や『蝉しぐれ』『義民が駆ける』など多くの作品に登場する武家の街、鶴岡を散策した。日枝神社に句碑「めづらしや山を出羽の初茄子」があった。次に本間様で有名な商人の街酒田に到着した。「本間様には及びもせぬがせめてなりたや殿様に」が俗謡で歌われていた本間家旧本邸は江戸時代の豪華な佇まいや雛人形などが見事だった。日和山公園に日本最古の木造六角灯台近くに句碑「暑き日を海に入れたり最上川」があった。象潟《きさかた》へ行く途中の吹浦海岸に芭蕉の旅の後で海禅寺和尚が鳥海山から日本海まで流れ出た溶岩を幕末から明治にかけて石工に刻ませた十六羅漢像があり参拝した。有耶無耶《うやむや》の関跡（今はない）の三崎峠を越え山形県から秋田県に入り象潟に向かった。

＊象潟から鼠ヶ関・村上・新発田へ

象潟は芭蕉の旅の後、１８０４年の大地震により湖であった湖低が隆起して一夜にして陸地になった。当時は松が美しい島であったようだが今は小さな丘が島の名前として残り点在している。当時の湖底は水田になっている。柑満寺に句碑「象潟の雨や西施がねぶの花」があった（西施は中国の四大美女の一人）。象潟を後に元来た国道7号線を酒田・鶴岡は通過して鼠ヶ関で宿泊した。源義経が平泉へ逃げる途中、船で上陸した鼠ヶ関に弁慶が嘘《うそ》の勧進帳を読み上げた逸話が残っている。安宅関は後からの作り話（？）のようだ。山形県を後に新潟県に入り村上を目指した。芭蕉の時代は葡萄峠が難所といわれていたが、今は国道ができていて村上へ車を走らせた。村上は徳川四天王の一人、榊原康政が納めていた15万石の城下町であり、曽良が村上藩の家老との縁で歓待されたようだ。村上の古い町並みと、石船神社の句碑「花咲て七日鶴見る麓哉」や乙宝寺三重の塔にあった句碑「うらめしや浮世の北の山桜」などを見て新発田、新潟へ向かった。芭蕉は乙宝寺を訪ねた後は築地村から新潟まで船を利用したらしいが、われわれは新潟を経由して彌彦に向かった。

＊彌彦から出雲崎・直江津へ

新潟平野のシンボルである神が宿る彌彦山を背景にした彌彦神社を参拝した。彌彦神社は万葉集にも歌われている格式の高い神社である。日本最古の弘智法印の即身仏がある西生寺を参拝した。彌彦を後に天領の出雲崎に向かった。出雲崎は芭蕉の旅の69年後に良寛さんが生まれた場所で、われわれは良寛記念館や芭蕉園と良寛座像、良寛堂などを参拝した。予約した旅館の入り口が分からずに裏口から入った記憶がある。妻入りは家の妻部分が戸口の構造の建物が並ぶ街並みで芭蕉も宿泊したようである。芭蕉は出雲崎から柏崎を通り越し鉢崎まで10里（40キロメートル）ほど雨の中を黙々と歩いたようだが、われわれは車で北国街道に沿って柏崎から直江津までドライブした。直江津の聴信寺の近くに14歳の安寿と12歳の厨子王丸の供養塔が歴史上の悲劇を物語っていた。しかし歴史上では安寿や厨子王丸の実在を示す資料はなく架空の伝説のようだ。芭蕉も回ったと思われる高田と春日山をわれわれも回り、直江津の五智国分寺の句碑「薬欄にいづれの花をくさ枕」や三重塔を参拝して直江津で宿泊した。北国街道（国道8号）を糸魚川から最大の難所である親不知子不知を目指した。

＊難所の親不知子不知

外波から市振まで8キロメートルにわたる海岸は高さ100メートルの断崖が続く。芭蕉が通った時代の北国街道（初代）は波打ち際の幅が20メートルほどの海岸を通行していたようで、海が荒れれば最大の難所だったようだ。われわれが行ったときは国道が整備されていて途中、ホテルの脇から海岸に降りてみた。そこは入り江になっていて浜から海岸の状態を見るとその先は通行できる状態ではなかった。海岸は手ごろな漬物石になるような平らで丸い石がゴロゴロしていて荒波の厳しさが想像できた。長い間に潮の流れが変化して海岸がなくなっていったようだ。二代目の旧道は明治16年の完成だが人力で行なわれ、岩壁には「如砥如矢」（とのごとく　やのごとし）の文字が刻まれていた。砥石のように滑らかで矢のように早く通れる道という意味の説明書きがあった。この親不知子不知の難所はぜひ見たい場所と愉しみにしていたが、二代目の旧国道がコミュニティロードの遊歩道になっていたのでゆっくり散策することができた。今は三代目の国道がトンネルでできていた。われわれは長円寺で句碑「一つ家に遊女も寝たり萩と月」を見て市振で宿泊した。芭蕉は宿泊した脇本陣で、同じく宿泊していた伊勢参りに向かう新潟の遊女二人と世間話などして旅を一緒にと誘われたが断っていたようだ。

＊市振から滑川・新湊へ

富山県に入り境関所跡近辺にて句碑「一家に遊女も……」を見て滑川の櫟原神社の句碑「しばらくは花のうえなる月夜かな」と徳城寺の句碑「わせの香や分入り右は有磯海」及び水橋神社の句碑「あかあかと日はつれなくも秋の風」を通り新湊の荒屋神社の句碑に参拝した。芭蕉は高岡から倶利伽羅峠に向かったようだ。

＊新湊から寄り道をして能登半島観光と洒落込む

われわれは芭蕉が行かなかった能登半島観光を寄り道するために氷見から七尾に向かった。七尾に宿泊して、能登金剛ヤセの断崖、義経の舟隠し（海難を避けるため48隻もの舟を隠した入り江）を観光した。このほかにも義経に関する逸話が残っているということは、やはり義経は能登半島を回り船で鼠ヶ関に行ったのかもしれない。輪島で宿を取り朝市や白米の千枚田、さらに北上して平清盛の時代に清盛の妻・時子の弟で「平大納言時忠」の館を見に行った。当邸宅は江戸時代初期に建築された茅葺入母屋造りの木造平屋建で１９６３年に国の重要文化財に指定された。さらに進んで大谷川へ。大谷川鯉のぼりの川渡しは見事だった。能登半島観光を終わらせ高岡に向かった。

＊高岡から倶利伽羅峠経由で金沢へ

高岡で宿泊し市内を観光してから倶利伽羅峠を目指した。旧北国街道に入ると満開の八重桜が見事だった。旧街道は源平合戦時に木曽義仲軍が数百頭の牛の角に松明を縛りつけ平家軍を追い払って大勝利をしたのは有名な話だ。倶利伽羅古戦場に角に火をつけた牛の像があったが、牛にすれば大変迷惑なことであったと思う。源氏ヶ峰の句碑「あかあかと日は難面も秋の風」と猿ヶ馬場の句碑「義仲の寝覚めの山か月かなし」を拝み金沢市内に向かった。

＊金沢から小松へ

北国一の文化が栄えた金沢城下町に入り金沢城や兼六園を散策して宿泊した。金沢の武家屋敷跡、ひがし茶屋町などを散策して成学寺に句碑「あかあかと……」を見てから小松市の安宅関跡に向かった。『義経記』や『八雲御抄』は安宅橋と記述があるのみで、安宅関と記載のあるものは謡曲『安宅』のみで、ここに関所があったかどうかの歴史的な実在性は疑問視されている。安宅の関でのやり取りは室町時代に製作された「義経記」だけで、その義経記も軍記物の色合いが濃いことから疑問視され、安宅の関の記述も極めて少ないことから関所の存在も疑問視されているようだ。現在は安宅住吉神社境内に関所があるが、どうやら地理的に見てもわざわざ関所がなくとも裏道がいくらでもあるような場所だった。頼朝の命で義経捕縛のために臨時に作ったのではないかといわれるが真実はわからない。

金沢からは芭蕉と曽良のほかに金沢の俳人「北枝」が案内役として共をしたようだ。

＊小松から山中温泉へ

芭蕉は小松から旅の疲れを癒すため動橋《いぶりはし》を経由して山中温泉で長逗留して、小松に引き返す途中に那谷寺に立ち寄っていた。芭蕉は多太神社に木曾義仲の軍勢と戦い孤軍奮闘した平家軍の老武者「斎藤実盛」（当時73歳）の兜を見て俳句「あなむざん甲の下のきりぎりす」を作ったのであろう。わが方は小松の那谷寺に寄って動橋を経由して中山温泉に向かった。

＊動橋から山中温泉、大聖寺へ

動橋は古くから一本橋で通行人が渡ると揺れたところからその名が付いたといわれている。

芭蕉は動橋を経由して山中温泉にて湯治と散策でしばらく過ごした。コオロギ橋近くでかがり火を焚いて川魚を捕る光景を見て句碑「かがり火に河鹿や波の下むせび」があった。曽良は伊勢の親類宅に行くといって別れたかと思いきや伊勢に行かず先回りをして福井、敦賀を回っていたらしい。芭蕉は北枝と小松に戻る途中、那谷寺に寄り小松から北国街道を再び動橋経由で加賀の大聖寺を目指したようだ。

われわれは山中温泉から加賀の大聖寺や全昌寺に向かって錦城山公園の大聖寺城跡などを散策してから東尋坊観光をするために寄道してから石川県と福井県の県境の吉崎に向かった。

＊吉崎から永平寺へ

芭蕉は室町末期（織田信長の時代）に一向一揆のあった吉崎御坊跡に立ち寄り松岡の天龍寺迄金沢から一緒に共をしてきた「北枝」と別れて一人で永平寺に向かう。永平寺は道元禅師が禅の根本道場を開いた寺だ。われわれは吉崎経由で永平寺に着き、参拝中に食時の時間となり雲版（青銅の雲形）が鳴らされ食事を運ぶ僧侶に出会った。七つの伽藍が並んだ諸堂は広い回廊により縦横に連絡されていて圧巻であった。

＊福井市内から武生、敦賀、関ヶ原へ

福井は戦国武将の柴田勝家が北庄城でお市の方と夫婦ともども壮烈な最期を遂げた地である。われわれは福井市内で宿泊して芭蕉の知らない幕末の福井藩士、橋本左内（安政の大獄で

25歳で死罪）とその両親の墓がある佐内公園に行った。ここには芭蕉の句碑「名月の見所問ん旅寝せむ」があった。北国街道を南下して鯖江・武生・敦賀へ向かった。武生は奈良時代に国府が置かれていて、藤原為時は娘の紫式部を連れて赴任したこの地で1年ほど過ごしたことがあり、「源氏物語」に武生の名が残されていた。武生の芳春寺に色紙塚があった。われわれは武生から国道8号線を通り、句碑「月に名を包み兼ねいもの神」がある湯尾峠や木ノ芽峠を経由して敦賀へ向かった。芭蕉は敦賀から船で色ヶ浜まで船旅を楽しんだようだが、われわれは気比神社や常宮神社の句碑「月清し遊行のもてる砂の上」などを見て塩津街道国道8号線を小谷のお市の里や姉川の古戦場跡を見て関ヶ原を目指した。

＊関ヶ原から最後の大垣へ

関ヶ原はあまり知られていないが壬申《じんしん》の乱で、天武天皇元年（672年）に起こった古代日本最大の内乱で戦があった場所だ。天智天皇の太子・大友皇子に対し、皇弟・大海人皇子（後の天武天皇）が兵を挙げて勃発した戦だった。1600年に東軍と西軍が天下分け目で戦った関ヶ原の戦いは周知のとおり。古戦場はずいぶん広く四方に延びる四つの街道が交差した場所だった。

関ヶ原を後にしていよいよ最後の大垣に入り、一泊して奥の細道むすびの地記念館の句碑「ふらずとも竹植る日はみのと笠」や竹島会館前の句碑「其ままよ月もたのまじ伊吹山」、旅の最後の句である蛤塚の句碑「蛤のふたみに別れ行く秋ぞ」、正覚寺、芭蕉送別連句塚、住吉灯台、船町道標などを見て回った。芭蕉や曽良と江戸で親交のあった尾張藩藩士や大垣藩の家老の戸田如水などたくさんの弟子たちに温かく迎えられて伊勢に旅立つ日に送別の連句のやりとりをしたようだ。奥の細道最後の場所で何か感慨深い思いを残し、われわれは高速道路を使って帰宅した、長く思い出深い旅だった。

*芭蕉の足跡と句碑を訪ねた旅の感想

われわれは車での旅だったが、芭蕉の旅は荷物を持って徒歩（一部馬も）で一日20〜40キロメートルもの旅はいかほどかと感心するばかりだ。まして今のような道が整備されていない当時はさぞかし大変であったと思う。この旅では今まで意外と知らなかった歴史上のことが現地に行ってわかったことがたくさんあった。この旅は今から20年前（61歳）のことで、写真などを見て記憶を辿りながらの記述なので若干の違いがあるかもしれない。芭蕉の句碑をすべて確かめた訳でもない。当時の車はナビゲーションがなく、地図と携帯電話（スマホならすぐに検索）を頼りに宿泊地を予約しながらの旅で苦労したが、何とか達成できて良い思い出になった。

2．出張を利用して楽しい思い出の男一人旅

仕事の関係で各地に出張で出かけたが、出かけた先の名所旧跡など余暇を利用して観光したのでその一部を簡単に紹介してみたいと思う。

＊京都

バスの市内観光で一回りした。別の日に1日かけて牛若丸のいた鞍馬山散策の登山をしたときに不滅の法燈がともっていた。また別の日に京丹後に出張したときは細川ガラシャ夫人隠棲地の碑まで足を延ばした。

＊沖縄

石垣島の出張時に西表島まで足を延ばし、バイクを借りたときレンタル屋の主人曰く警察がないので免許証は不要とは暢気なものだと感心した。牛車に引かれて由布島を観光した。別の

機会に沖縄本島を観光のためタクシーで焼失前の首里城、ひめゆりの塔、今帰仁城跡、玉泉洞の他、各所を回り良い思いをした。

＊鹿児島

知覧の特攻平和会館を見るために足を延ばした。第二次世界大戦末期に編成された大日本帝国陸軍航空隊の特攻に関する資料を展示していた。洗脳された若い命が失われた戦争の愚かさを再認識した。

＊宮崎

延岡で割烹旅館の御馳走を食べ、翌日に高千穂まで当時は電車に乗って行き高千穂峡や天岩戸、天安河原、くしふるの峰、日本の国歌に歌われる「さざれ石」の展示や神話の舞台と伝えられる場所と神々を祀る神社を多数見ることができた。国の重要無形民俗文化財に指定されている「高千穂の夜神楽」も観賞できた。宮崎市の江田神社は伊邪那岐尊《いざなぎのみこと》を祀る神社で宮崎神宮に比べ随分と周辺を含めいかにも簡素な神社であった。近くにイザナギノミコトが黄泉国から帰ってきたときに禊《みそぎ》を行なった場所だとされる所が宮崎御池（みいけ／みそぎいけ）にあったが観光客はいなくひっそりとしていた。昔は新婚旅行の名所といわれた青島に宿泊し青島神社や鵜戸神宮本殿（日南市）を参拝した。波の打ち寄せる断崖の岩屋に鎮座した風景は見事だった。日南海岸の景色の中でも鬼の洗濯岩はさすがに見事な様相であった。

＊北海道

釧路の出張時は市内と釧路湿原、根室の東端の納沙布岬、ウトロ市内観光でゴジラ岩や知床五胡の一部と知床観光船に乗り知床観光をした。最近になり観光船の沈没事故があり怖い話だ。網走は阿寒湖温泉宿泊、摩周湖は見事に湖面が見えたと思ったら突然白い霧に覆われる自然の変化に驚いた。

＊島根

縁結びの神様である出雲大社を参拝し、一畑電車北松江線に乗り一畑口駅から一畑薬師（目の薬師）を参拝して松江市内の松江城や足立美術館を観賞した。

＊青森

三内丸山遺跡はまだ遺跡発掘調査中だったが、５０００年前の竪穴住居などの縄文文化が繁栄した集落跡を見ることができた。

＊山口

下関市内の壇ノ浦の戦いにおいて入水したとされる安徳天皇を祀る赤間神社を参拝した。バスで秋芳洞まで行って観光してまたバスを乗り継いで萩の城下町まで行った。松陰神社、松下村塾などを観光した。

＊淡路島

レンタカーを借りて阪神・淡路大震災の状態を残した野島断層保存館や淡路西海岸の高田屋嘉兵衛公園を訪ねた。五色浜の近くに日本有数の瓦の産地があり、恋人たちが誓いの言葉を書いた瓦が並ぶ「プロポーズ街道」を一人で歩いてみた。

3. 高山病に悩まされた富士登山とスイスはユングフラウヨッホ観光旅行

富士山にいまだ登ったことがなかったので、30年ほど前に仲間6名で富士登山に挑戦した。その時期は最近のようなブームになっていなかった。出発の前日は暑さのため寝不足気味で当日は8合目の山小屋に宿泊（雑魚寝）したが、いびきやら歯ぎしりの協奏曲でまた寝不足になっていた。山小屋にて早朝の御来光を見て山頂の3775メートルを目指し、あと少しで鳥居のある所ぐらいから苦しくなりだして休み休み山頂まで登ったが、この現象が高山病（酸素不足）であったかと初めての体験をした。

海外旅行では、27年ほど前に団体旅行でドイツ・スイス・フランスのうち、世界遺産ユングフラウヨッホ観光のときであった。クライネシャイデック経由で登山列車に乗り換え、大迫力のアレッチ氷河やアイガー、ユングフラウなどの絶景を見るために途中停車して鑑賞した。標高3454メートルのヨーロッパで最も高い駅ユングフラウヨッホ駅に到着した。ところが私だけが酸素不足状態（高山病？）に近い症状になり苦しくなったが、何とかふらつきながらさらにエレベーターで3571メートルの展望台に登った。過去に富士山に登ったときと同じ症状になったことを思い出した。そこには氷のトンネルがあって、両側に氷の彫刻があり、その中に大相撲の横綱千代の富士関が展示されていたのが強く印象に残った。一番高い駅の郵便ポストから絵葉書を自宅に投函したが、面白いことに帰国して何日かして自宅に配達されていた。

4. 海外旅行の観光概要と感想

過去の旅を振り返ると、国内より海外のほうが強く印象に残っているように思う。海外では各地の街並みや景色、世界遺産になっているような建造物を観光したが、以下、日本にはない珍しいものばかりを拾い出してみた。

エジプトではピラミッドや各地に残っている神殿などを訪ねた。古代は今のような道具や機械のない時代なのに人力によって建造されていたのが不思議だった。アブシンベル宮殿は、アスワンハイダム建設に伴いもともとあった場所が水没してしまうので、１９６８年から4年間に一枚岩の神殿を１０３６個に細かく切り刻んでブロック状にして今の場所に移築、復元していた。年2回（10月22日、２月22日）大宮殿の奥にある王座まで朝日が差し込む瞬間を見るため、2月22日の深夜1時にホテルを出発して大神殿の中で朝日が出るまで長い間待たされたが、王座に朝日が差し込むと、順番に次々と流れるような間隔で外部に追い出されてしまった。

フランス・パリではコンコルド広場の中心にあったオベリスク（高さ23メートル。クレオパトラの針とも呼ばれる）が印象に残っている。エジプトのリクソール神殿で３０００年前に制作された一対のうちの一本で、当時（19世紀）の運搬の様子と建て方の様子が刻まれていた。

インド旅行は世界遺産のエレファンタ石窟群やデカン高原の絶壁にある世界遺産アジャンタ石窟寺院群を見たが、よくもあれだけの石窟を造成したものだと感心した。総大理石造りのタージ・マハールは、ムガール５代皇帝が38歳で死んだ王妃のために１６３０年から22年の歳月と1日2万人の建築家を集め、莫大な費用を使って建てた霊廟だが、何か虚しく感じた。また沐浴で有名なガンジス川の水は決して奇麗といえなかった。道路では野良牛がごみ漁りをしていた。

中国では万里の長城や歴代の皇帝の墓や故宮博物院、天安門から紫禁城、秦の始皇帝陵と発掘途中の兵馬俑坑の遺跡などを見たが、どれも珍しい部類であった。

カンボジアではアンコールワット遺跡を観賞した。

これらの遺跡や建造物はどれもが当時の権力者の威厳そのもので虚しく感じた。以下、自然遺産観光で印象に残ったものを紹介する。

ベトナムのハノイから世界自然遺産のハロン湾に行ったが、濁んだ海水で養殖した魚の料理は食べる気がしなかった。ハノイ市内は車とバイクの洪水で、交差点ではガイドに「右見て左見て命がけで走れ」と言われた。道路はゴミだらけの街で良い印象ではなかった。

カナダでは、ナイアガラの滝を見て、カナディアンロッキーでアサバスカ氷河の水でオンザロック。その後はバンクーバーに移動して観光とゴルフを楽しみ、帰国したら北海道沖尻島地震があった。

別の機会には、イエローナイフから見たオーロラや北極星などの星座が真上に見えて感激した。オーストラリアでは、エアーズロック（今は登山禁止）の登山。朝と夕方のエアーズロックの色彩の変化や星座の観察ツアー（南十字星・土星など）は良かった。

台湾では、台北の交通事情の悪さは別にして、花蓮の太魯閣渓谷の自然美は見事だった。トルコでは、パムッカレの石灰棚（温泉）の中を歩いた。カッパドキアやカイマルクの地下都市とギョロメの谷などの自然観光は心に残る旅であった。

今までの旅の中でも、とくに有意義で心に残る旅といえば、１９９６年にロンドンで行なわれた「国際土質工業会シンポジュームの論文発表会」のために出張したときのことである。ロンドン駐在員の案内で、２週間にわたり業務と観光を兼ねて各地を訪ねたが、イギリス・フランス・オランダは最も印象に残った。

最初はロンドンの地下鉄の工事現場見学や市内観光、イギリス南部のストーンヘンジ、近くのバースにジョージア様式の美しい町並みや十字軍の風呂跡などを観光した。次に空路でスコットランドのエジンバラ観光と強い風の中でゴルフを楽しみ、空路でロンドンに戻り、楽しみにしていた列車「ユーロスター」に乗車してパリへ移動した。1994年開通のユーロトンネルは単線で2本別々の構造でシールド工法の施工であり、シールドマシンの製作に日本のメーカーも参加していたようだ。

Afsluitdijk モニュメント、ゾイデル海開発を計画したオランダの政治家コルネリス・レリーの像

列車はイギリス国内をゆっくり走行して急に速度を増してトンネルに入り、パリに到着してパリ市内を観光した。その後、空路でアムステルダムに移動して建設会社と打ち合わせを行なった。工事現場へ移動のために1932年完成の世界最大の延長32キロメートル、幅90メートル、高さ7・25メートルのAfsluitdijk（アフスライトダイク：締め切り大堤防）を空から見るために社有の

セスナ機で移動したが、残念ながら雨で見られなかった。しかし帰路は堤防上の高速道路を途中の休憩所を兼ねた観光スポットでモニュメントなどの展示を見ながら車で移動した。また、江戸時代に日本と唯一の貿易国で交易に使用されていた港町を見学したが、当時は活気があったようだが寂しく感じた。

この出張が最も強く思い出に残る旅であった。

このように、自然観光は現地に行くとそれぞれ国の違いが如実に見ることができる。まさにこれが旅の醍醐味である。

いろいろな旅をしてきたが、結局は、私の一生も旅のようなものかもしれない。

インドネシア共和国
イリアンジャヤ（現パプア州）
駆け歩き

斎藤利治

■1991年11月1日（金）

バイゴン没収！

旅は、インドネシアの広大さを改めて実感することとなる、それは長い一日から始まった。午前2時起床。まだ夜も明けやらぬというのに、集合時刻の午前4時には8名のメンバー全員が遅れることもなく、緊張の面持ちでスカルノハッタ国際空港の国内線ロビーに勢揃いした。そして搭乗手続きを済ませ、粛々と手荷物検査場に向かったまではよかったのだが、ここで最初の予期せぬトラブルが発生。加藤さんが機内持ち込み用バッグの底に忍ばせておいた〝バイゴン（殺虫剤）〟のスプレー缶が見つかってしまったのだ。そしてその結果は……あえなく没収の処分に。「規則だから仕方ないね……」と、皆で慰める。

遅延が当たり前のインドネシアでは珍しく、出発予定時刻の午前5時に離陸したGA740便は、一路、南スラウェシ州の州都ウジュンパンダン（現マカッサル）へ。そこでムルパティ航空に乗り継ぎ、ビアク島経由でイリアンジャヤ州（現パプア州）の州都ジャヤプラへ……という初日のフライトスケジュールは記憶にあったものの、何を勘違いしたのか、ビアク空港でとんでもない失敗を演じてしまった。単なる時間調整を〝乗り継ぎ〟と思い込み、ひとり重い荷物を抱えて機外へ。ところが、他の皆さんはカメラ片手のお散歩スタイル。黒田団長が遠くから「おーい、違うんよー、斎藤さーん！」と、大きな体をゆすり、手を振っている。慌てて荷物を機内に戻し、早くもひと汗かくコトに。

このビアク空港の原型は、その昔（太平洋戦争中）、大日本帝国海軍が建設したというもので、当時、連合国軍との間で激しい戦闘の舞台ともなった。今日では、日本のマグロ遠洋漁業の前線基地になっており、ここで水揚げされた上等のクロマグロは、グアム経由で築地市場に送られているとのこと。昔も今も、日本はここビアク島のお世話になっているわけである。

思わぬところで汗と恥をかくはめになったビアク島を後にしたわれわれは、目にも鮮やかなコバルトブルーの海を眼下に、一路、ジャヤプラを目指す。飛び石のように連なる緑の島影は、インドネシアが世界最大の島嶼《とうしょ》国家であることを実感させてくれる。遥か遠く水平線を追うように広がる島々のほとんどが、未だ人の手が入らない未開のままであるということは、名前すらない島も多いのではないだろうか。

メイドインジャパン

さて、早朝5時に始まった初日のスケジュールも、最後の目的地であるジャヤプラに到着する頃には、時計の針はすでに午後3時（現地時間）を回っている。ジャカルタとの2時間の時差を考えると8時間の長旅で、ほぼ〝成田〜ジャカルタ間〟に匹敵する。インドネシアの広大さを、改めて思い知らされた。

（注）インドネシアは東西に長いため、タイムゾーンが3つに分かれている。ちなみに、日本との時差は、ジャカルタ2時間、バリ島1時間、ジャヤプラ0時間である。

空港からダウンタウンまでは、車で約45分の道のりであるが、街中を行き交う人々の姿からは、まるで異国にでもいるような錯覚に陥る。それもそのはず、もともとこの地に暮らす人々（パプア人）は、オーストラリアのメラネシア系原住民である〝アボリジニ〟にも近い。そして、今なおインドネシアからの独立を求める声が根強く、インドネシア政府の悩みの種になっており、われわれ〝外国人〟が当地に入境する際には、特別許可が必要だ。

インドネシアでは、スマトラ島のトバ湖に次いで大きいセンタニ湖（約97平方キロメートル）を右手眼下に見ながら、太平洋に沿った曲がりくねった道を下り、港町の雰囲気が漂う中心街に到着した。

さすが州都だけあって、当たり前といえば当たり前であるが、ホテルから銀行、映画館、スーパーなど都市生活には欠かせないインフラは、とりあえず揃っているようだ。われわれが宿泊するホテルも、間口こそ狭いが客室は日本のビジネスホテル並みの設備でひと安心。三菱のエアコンに三洋の冷蔵庫、ＩＮＡの便器にカシオのアラーム時計といった具合で、さらに窓から通りに目をやれば、ホンダのバイクにトヨタの車が行き交う。改めて、〝メイドインジャパン〟が世界を席巻している様に、ため息も……。

今日いちにちの疲れを癒そうと、夕食は海に面した海鮮レストランを予約。ジャヤプラ空港でわれわれを出迎えてくれた黒田団長お知り合いのジャヤプラ警察の幹部警察官ご一家もジョインしての賑やかな晩餐となった。そして、食後は腹ごなしにと、近くのパサール（市場）に繰り出す。夜も更けたというのになかなかの賑わいで、ジャヤプラの人々の生活の一端を垣間見ることができた。ここジャヤプラから東へ60㎞も行けば、そこは隣国パプアニューギニアである。さて、明日もまた早い。

■1991年11月2日（土）

ここは地の果て　コテカの世界

いよいよ今日は、本ツアーのハイライト……ワメナ入りである。昨日に続いての早い出発（午前5時）であるが、全員、元気にホテルを後に空港へと向かう。ところが、離陸は〝予想通り〟の1時間遅れのアナウンス。また、搭乗機も双発プロペラ機であることは聞いていたが、機内の壁はベニヤ板の継接ぎだらけの年代物。無事、ワメナに到着できるのだろうか……と、留守家族を思い浮かべ〝お守り〟を握りしめる私に、大内さん曰く「斎藤さん、こんなに可愛いスチュワーデスのお嬢さんが乗っているのだから大丈夫、大丈夫……」。

離陸から約50分の間、コックピットとキャビンを仕切る扉のバタンバタンという、リズミカルな音を聞きながら生死の境を飛び続けた鉄の塊は、何とか無事、ワメナ空港滑走路への着陸に成功！　その瞬間、機内は安どの歓声と拍手で包まれた。

機外に出ると、さすが標高1500メートルの高地に吹く風は心地よい。「いる！　いる！」との声に全員の眼は、ある一点に注がれた。お世辞にもターミナルビルとは言い難い建物横の柵の外には、コテカ（ペニスケース）ひとつを身に纏っただけのダニ族の叔父さん（どう見ても年齢不詳）が、巨大な鉄の鳥を出迎えてくれた。

ここでもワメナ警察のお出迎えがあり、入域検査を無事終える。いよいよ来てしまった！という感慨とともに、話には聞いていたものの、古代と近代が同居する摩訶不思議な世界に飛び込んだ興奮に、胸の動悸はいやがうえにも高まる。近年、インドネシア政府は内陸部近代化政策の一環として、彼らの衣服着用を推し進めているというが、それでも街の中心部をコテカ（男性）、腰ミノ（女性）だけの人々が、行き交う車やオートバイを無視するかのように平然と歩く様は、何と形容してよいのか言葉が見つからない。

さて、まずはベースキャンプとなるホテルにチェックイン。マトア・ホテルというオープン1年目の建物（平屋建て）だが、中庭も設えられており、ひと安心といったところ。しかし、ヒトと同じで外見だけでの判断は禁物とはこのコト。何よりも欲しい給湯（シャワー）がなく、さらには1時間ごとの計画停電には全員が「うっそー、参ったー！！！」。しかも、昼間は停電しっぱなしで、給湯どころか給水もないらしい。やはり、〝ここは地の果て　コテカの世界……〟と、諦めるほかないようである。もう少し、マンディ（水浴び）に慣れておくべきだったね……と、皆さん、後悔することしきりであった。

ともあれ、お湯は出なくても、電気は点かなくても、これだけは欠かせないのがマラリア対策の必需品〝バイゴン〟。没収を免れた数本の貴重な防虫スプレーを、部屋中、隈なく散布し、いよいよ探検に出発である。

1メラ？

まずは、ホテルの前に広がるパサール（市場）から。どれくらいの広さであろうか、中央の広場を間口2〜3メートルほどの商店（ムシロ敷き）が取り囲むように並んでいる。店のオーナーは、顔立ちからしても明らかに現地人とは異なる。ジャワ島あるいはカリマンタン島、スラウェシ島あたりから流れて来たプリブミ（マレー系インドネシア人）や華人（中国系インドネシア人）であろう。その中を、8人の探検隊は、恐る恐る未知の世界へと第一歩を踏み出した。何とも言えない異臭が鼻を突き、思わず息を止める。そして、われわれ侵入者に対する好奇心と警戒心に満ちた視線を感じながら、また足元にも細心の注意を払いながら、歩を進める。広場いっぱいに敷き詰められたムシロの上には、彼らの大切な財産（売り物）である野菜や香辛料などが、ところ狭しと並べられてい

パサール

るからだ。

さて、彼らのわれわれを観察するような眼差しにも慣れたころ、われらが勇敢な奥方たちは目指す掘り出し物を探そうと、人混みをかき分けるように行動を開始した。さすが、インドネシアでの在留期間の長いキャリアだけに、インドネシア語を巧みに操っての値引き交渉には、ただただ唖然とするばかり。交渉相手の彼らにしても、欧米人観光客を相手にした商売とは違い、防戦一方だ。そして、店の前にはこの遣り取りをひと目見ようと、幾重もの人垣ができるという有様。小生も、彼女たちのオコボレに与り、〝ノーケン〟と呼ばれる網の袋と、石斧を買う。後日談であるが、このノーケン、何とも言えない悪臭が染みついており、折角お土産にと持ち帰ったものの、ジャカルタのわが家では女房殿が家の中への持ち込みを許してくれなかった。

ところで、ここワメナでは〝メラ（「赤」の意味）〟と呼ばれる100ルピア紙幣（約5円）が主流で、記念撮影1回毎に1メラが要求される。ジャカルタではほとんど使うことのない100ルピア札が当地では欠かせないということが、国内の物価水準の違いを物語っている。

ミイラとのご対面

見学のつもりが、逆に彼らの観察対象になってしまったパサールでの〝お買い物〟も無事に終わり、いよいよダニ族の本拠地へ。ホテルから2台のジープに分乗したわれわれは、まず、100年前のミイラを拝ませてくれるという部落の酋長さんのお宅を訪ねる。門と呼ぶには余りにも小さな入口を潜り抜けると、〝ホナイ〟と呼ばれる藁葺きの家屋の中から、齢はいくつくらいであろうか、威厳に満ちた顔立ちの老人が現れた。コーンパイプを咥えた酋長さんのお出ましである。さっそく、ガイド氏がミイラとの対面交渉に入る。

いったい、いくらで折り合いがついたのか、酋長さん、ホナイの奥から膝をかかえたような姿で保存されているご先祖様を、いかにも大事そうに抱きかかえてわれわれの前に現れた。そして、まるで黒檀の彫り物のような黒光りのするミイラを、用意した椅子に〝腰かけさせる〟と自らもその後ろに立ち、記念撮影の準備も万端。手馴れたものである。拝観料と写真の撮影代100ルピアで、これまでにさぞや蓄財したことであろう。

〝仏様〟に別れを告げたわれわれは、いよいよ次なるホナイ見学

ミイラ見学

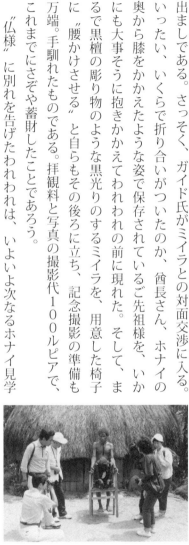

へと向かう。城壁の穴を潜り抜け、獣道のような細い道を遮るように流れる川も、見るからに頼りない吊り橋にしがみついて何とか渡河。さらに山の中から自然に〝砂〟が湧き出るという不思議な山（パシルプティ）を右手に見ながら、20分ほどの行軍の末、ひとつの小さな集落に辿り着いた。そして、ここでは酋長さんのご案内でホナイの内部を初体験。実際に〝建物〟の中に歩を進める。この集落は、いくつかのホナイで構成され、酋長の寝所、家族（男女別）の寝所、さらにはダイニングキッチンや納屋があり、なかなか合理的にできている。また、どこで見覚えたのか、手作りの2弦ギターでリズムをとる男の子や、酋長自ら見張り塔の上に登り、戦闘シーンを再現してくれるなど、サービス満点のおもてなし。徐々にではあるが、ここも観光地化しているということなのであろう。

キャンディがこんなにも……

いったんホテルに戻っての昼食後、昨年、NHK取材班がロケーションを行なったという〝グリヤマ〟と呼ばれる秘境に向けて再び出発。車は、舗装の切れた山道を1時間半ほど登る。途中、何本もの川を渡ったが、そのすべての橋に屋根が架かっている。はじめは、木の橋が雨に濡れて滑らないようにとの配慮からかと思ったが、不思議なことにどの橋にも通行人とは別に人が群がっている。中には商売している人の姿も。「なるほど。ここは村人たちの集会場も兼ねているんじゃないですかね」と長尾さん。かなり、確度の高いご見解である。

ここ〝クリヤマ〟は、なだらかな丘陵がどこまでも続き、赤道直下にもかかわらず吹き抜けるそよ風は、まるで北海道を思わせる。しかし、遠くに連なる山々の中腹にまで低く垂れこめた雲の様子は、まさに近代とはかけ離れた舞台を演出するに十分で、古代人がそこかしこに潜んでいそうな雰囲気である。そして、われわれよそ者を発見し、どこからともなく集まって来た近所の子どもたちに、土産のキャンディ（機内サービスでもらったものが、こんなにも役立ったことはない）を振る舞い、山を下りた。しかし、いずれは舗装された立派な通りの両側にネオンが輝くであろうことを想像すると、何ともやり切れない気持ちにも。

ところで、ここワメナはインドネシアで唯一の禁酒区域。ほとんどの住民がキリスト教徒（約97％）であるのになぜ……と思ったが、アルコールに対する免疫のないダニ族が酒の味を占めたら、一体、どうなるのか。結果は容易に想像できる。

その晩は、電気も点かないローソクだけの薄暗い明かりの中で、しかもアルコール抜きの寂しいディナー……と諦めていたが、そこはシッカリ女房の加藤さん。こっそり携帯用ポットの中にウィスキーを忍ばせている。それを知った黒田団長、「署長が来る前に、コークハイにして飲んでしまおうわい」とのご提案。なるほど、コーラで割ってしまえば、あの琥珀色は消えてしまう。それから40分後、お招きしたワメナ警察署の署長さんご一家が到着。和やかな雰囲気のうちに夜は更けていった。

■1991年11月3日（日）

ダニ族と近代化

ショッキングかつエキサイティングなワメナでの滞在も、文字通りあっと言う間の出来事であった。帰路のフライトは、〝残念〟ながら定刻通りに離陸。内心、予期せぬトラブルにより、滞在が延びることを期待していただけに、皆さん、少しばかりガッカリした様子。

頼りなくも、しっかりした〝足取り〟で離陸した搭乗機は、眼下に点々と続くホナイの集落を見ながら、一路、来た道（空路）をジャヤプラへと向かう。熱帯のジャングルを蛇行する川とともに、どこまでも続く1本の白い線が目に飛び込んでくる。現在、ジャヤプラに向けてワメナから建設が進められている自動車道である。近い将来、ジャヤプラからも建設が進められている道路と繋がるときこそ、この〝世界に誇る秘境〟が、秘境でなくなることを意味している。ダニ族と近代化。彼らの生活を文化と呼ぶならば、まさにこの新しい道路の開通こそが彼らの文化の破壊者となることは、想像に難くない。インドネシア政府により進められている近代化政策が、果たして彼らの意思によるものか否か、部外者には計り知れないところであるが、結果として彼らに幸せをもたらしてくれることのみを願うばかりだ。

まな板のワニ

さて、ワメナへは今でこそ1日数便のフライトでジャヤプラと結ばれているが、まだまだ天候次第では欠航することが多いという。そこで、今回のツアーでも1日の予備日を用意していたが、幸い（？）なことにこれまでのところ、まったく順調と言っていいほどのスケジュールの消化である。そこで、今日はオプションで用意されていたジャヤプラの街巡りと相成った。太平洋戦争当時、連合国軍との激戦が繰り広げられたという丘では、かつての宿敵オランダからの観光客と鉢合わせ。何とも奇妙な巡り合わせである。

ホテルでの昼食後は、ワニ園（日本企業が運営）で2千頭のワニ君を見学。しかし、ここは動物園などではなく、ワニ革用のワニを飼育しているのだという。生まれたばかりのオチビさんから、身の丈4～5メートルはあろうかというジャイアントクロコダイルまで、ずらり勢揃い。なかなか壮観な眺めである。そして、さぞや騒がしいことと思いきや、まったくの見当違い。体長ごとに仕切られたプールの中で、お行儀よくお昼寝の真っ最中。ピクリとも動かない。近い将来、皮を剝がされる身の上を知ってか知らずか、まさに〝まな板の鯉〟ならぬ〝まな板のワニ〟である。ちなみに、彼らのお食事のメニューは、鶏ガラと皮を剝がれたお仲間の肉とのこと。次回は、ぜひ、お食事どきに訪ねてみたいものである。

ところで、ここジャヤプラでも押し寄せる近代化の波の中で、人々の消費生活の変容振りには、凄まじいものがあるという。最近では、海を埋め立ててのショッピングゾーン建設も始まっている。昔ながらのパサールだけでは、人口の急増に対応しきれなくなったのであろう。しかし、ここで彼らの近代化意欲に水を差すつもりは毛頭ないが、どう考えてもこの島に大型ショッピングセンターは似合いそうもない。やはり、われわれヨソ者には、1軒ずつ値踏みをしながら歩く買い物の楽しさを残しておいて欲しいものである。

夜は、昨夜の鬱憤を晴らすかのように、ヒラメほどはあろうかという大振りの鰺を肴にビールを煽った。

■1991年11月4日（月）

慰霊碑に日本の味を

今日も、朝から晴天に恵まれる。イリアンジャヤには、雨季と乾季というハッキリした季節の区切りはないというが、それにしても朝からジャカルタに負けないほどの暑さである。その暑さの中、ビアク空港での乗り継ぎ時間を利用して、太平洋戦争末期、日本軍が立て籠ったという洞窟を見学した。

ここビアク島には、ピーク時で5万人もの日本軍兵士が進駐したが、うち病死を含めて3万5千人が戦死したという。日に日に戦況が悪化する中で、飢えと暑さに苦しみ、吹くはずもない〝神風〟を信じさせられた多くの同胞の無駄死にを思うと、胸が痛くなる。地下40～50メートルほどの竪穴式洞窟には、今なお亡くなった日本兵の人骨や錆びたヘルメットが散見され、思わず合掌。ヒンヤリとする空気を伝って亡くなった人々の叫び声が聞こえてくるようだ。戦争という狂気の沙汰を二度と繰り返さないためにも、ひとりでも多くの日本人にこの惨状を見てもらいたいと思う。それにしてもなぜ、こんなにも遠い異国の地にまで戦火を広げなければならなかったのか。一昨年、地上の洞窟入り口付近に建立されたという慰霊碑に、あり合わせの日本の味をお供えし、全員で心から戦没者の冥福と世界の平和を願って手を合わせた。

旅行の必携品に刺身包丁と醬油が

さて、ビアク島からマルク州の州都であるアンボンへは、約2時間のフライトと聞いていたが、離陸後1時間ほどが過ぎたころ、搭乗機は着陸態勢に入った。気流の関係で到着が早まったのかとも思ったが、それにしても所要時間が半分というのは早過ぎる。それに、着陸した空港の雰囲気もやけに閑散としており、周囲に街並みなどは見当たらない。それもそのはず、ここはニューギニア島の最西端に位置するソロンという町で、フライトスケジュールが変更（勝手にやるところがインドネシアらしい）されたようだ。一同、不満顔ながらも、思いがけず予定外の地に足跡を残すことができ、「まあ、許してあげようか……」。

〝香料の島〟といわれるアンボン島は、ちょうどクロワッサンを横から押し潰したような形（馬蹄形）の島で、面積は約775平方キロメートル。とりあえず、夕闇迫る市内を駆け足で見学したところで、大内さんが「鰹の刺身が食べたいですね」とポツリひと言。誠にタイミングのよい独り言に、全員「異議なし！」。さっそく、パサールへ直行と相成った。ここでもワメナ同様に、勇敢を売り物にする奥方達は、露店のオバサン達と値引き交渉を開始。見事、体長1メートルはあろうかという大物鰹2本を、何と5千ルピア（250円）で釣り上げた。また、ホテルでも厨房をお借りしての大奮闘。立派な鰹の刺身に仕上げた。インドネシアの、しかもこんな田舎町で鰹の刺身が食べられるとは……。かくして、これからのローカルツアーでは、刺身包丁と醤油、それにワサビ（生姜とニンニクも）が、バイゴン（防虫剤）とともに必携品リストに加えられたのである。

■1991年11月6日（火）

週休4日？

アンボン2日目の朝は、腹痛で目を覚ます。やはり、前日の鰹の食べ過ぎが災いしたようだ。民俗資料館の見学後に訪れたビーチでは、童心に帰って魚と戯れる皆さんの荷物番を買って出る。「海の中がこんな奇麗やとは知らんかった」と黒田団長。すっかり、熱帯魚の虜になってしまったようだ。

ところで、ここアンボンでも面白い話がひとつ。5千台からあるという〝ベチャ〟（客を前に乗せて走る人力の三輪タクシー）の色である。赤・白・黄色にペイントされており、最初は運営する会社ごとの色分けかと思ったが、これがまったくの的外れ。正解は、ベチャが増えすぎたために、その対策として三交替で営業させているとのこと。しかも、運ちゃんの着ているTシャツもベチャと同色。なかなかのアイディアである。「日本では週休二日もままならんのに、週休四日とは、進んどるねー」との黒田団長の解説に、皆さん「本当ですね！」。

レストランでの昼食もそこそこに、まずは世界的に有名な香料のひとつである丁子《ちょうじ》の工芸アトリエへ。そして、次は巨大ウナギの見学へとバスを走らせる。当然のことながら、水族館で飼育されているウナギかと思いきや、ガイド氏はバスを降りるやいなや、カンポン（集落）の中を奥へ奥へと突き進む。そして辿り着いたところは、何と湧水を利用した村の溜池である。やはり、われわれ同様に見物客が訪れるのであろうか、猛獣使いならぬ〝ウナギ使い〟のお兄さん。一人200ルピアの見学料を徴収すると、鶏卵（と思われる）を抱え、時折、水面を指で叩きながら水の中を行ったり来たり。いた、いた……。それこそ、蒲焼にした20〜30人分はありそうな巨大ウナギのお出ましである。体長は2メートル以上ありそうだ。この巨大ウナギ君、村の守護神かつ稼ぎ頭なのであろう。最も水の澄んだ川上に陣取り、そこから歯磨き・水浴び・炊事・洗濯というように、村人たちの水利用にもプライオリティが付けられているという。なるほど……と、妙なところに感心する。

続いて、公害とは無縁の澄んだ水と輝くような砂浜での本格的なスイミングを楽しもうと、再びビーチに向かう。真っ白な砂浜は、学生時代に訪れた沖縄県・石垣島の川平湾を思い起こさせる。そして、これほどの美しいビーチにもかかわらず、水辺で戯れているのは地元の子どもたちだけ。さすが、1万7千余の島々と、5万4千キロメートルにも及ぶ海岸線を持つインドネシアならではの贅沢である。午前中の遅れを取り戻そうと、今度は真っ先に波打ち際目指して駆け出す。しかし、期待は外れ、強風と早い潮の流れによって水の中は砂が舞い上がり、せっかくお借りした水中メガネが役に立たない。まあ、アンボンの海に浸かることができただけでも……と、自らを慰めた。

あどけない笑顔に感動

さて、砂浜に眼をやると、荷物番の黒田団長を取り囲むように、あどけない少女たちが戯れている。ビーチで観光客を相手に、土産物などを売る少女たちであるが、黒田団長から何やら商売の手ほどきを受けているようである。「ほやけんね斎藤さん。この子らに、ちいとでも稼げる手立てを教えてあげるゆうことは、将来、この子らが自立するんにも、大事なことやて……」。まさに、インドネシアの労働事情に詳しい黒田団長ならではの思い遣りである。しかし、

アンボンの笑顔

それにしても感心したのは、土産物代金にプラスして渡したつもりのチップを、「これは多過ぎる」といって受け取らない彼女たちの純粋さ。猫撫で声で指名料の上乗せをせがむブロックM（ジャカルタ市内の歓楽街）のカラオケ嬢や、チップが少ないと言って受け取りを拒むゴルフ場のキャディ小僧と比べ、何と気持ちの無垢なことか。世知辛い昨今、忘れかけていたものを思い出させてくれた少女たちに感謝するとともに、いっそのこと、この子たちをジャカルタに連れて帰り、わが家のメイドにしたい……皆さん、そんな気持ちに駆られたのではないだろうか。ビーチを離れるわれわれのバスに、いつまでも手を振ってくれた彼女たちのあどけない笑顔が、アンボン湾の美しい夕日とともに、今回のツアー最大のお土産のひとつとなった。

さて、明日は現実の世界への戻り旅だ。

イリアンジャヤの語源

IRIAN（IKUT REPUBLIC INDONESIA ANTI NETHERLAND）JAYA

もともとは、イリアン：「『日出るところ』の意」と、ジャヤ：「『偉大、成功、勝利』の意」を語源としているが、イリアンについては1949年の独立後、初代スカルノ大統領が創ったシンカタン（語句の頭文字だけを取ってローマ字読みにした略語）により、「オランダに対抗してインドネシアに従う」といった意味に使われている。

旅はこんなに「理路騒然!!」

菅納ひろむ

はじめに

ずいぶんと長い「旅」をしてきたものだ。今年、還暦を迎えて、つくづくそう感じている。日本語教師という現在の仕事に就くまで、３回大きな転職をし、実にさまざまな仕事を経験した。その多くは、海外（とくに中国と他のアジア諸国）に関係したため、転勤や出張も含めて文字どおり「旅」の連続だった。父も自分も「転勤族」なので、生まれてから60歳になるまでに、国内外12の都市で生活した。引っ越しは憶えているだけで約20回にもなる。

その間、「旅行」という狭い意味での「旅」も数えきれないほどしてきた。ここでは、その中でもとくに珍しい体験をした「旅」をいくつかオムニバス形式であげてみたい。いずれも私がおおむね30代後半から40代半ばまでに、海外の駐在地において経験した出来事だ。

文章は、当時、自身のホームページや、駐在地のミニコミ誌などに掲載したものである（ミニコミ誌の主宰者から再掲の許可をいただいている）。

基本的には、初出時の文章をそのままとしており、明らかな間違いや分かりにくい箇所を書き直した以外は極力筆を入れていない。従い、記載されている状況や数値等はいずれも執筆当時のものだ。

1．新疆奇譚（2000年9月　駐在中の中国・北京にて執筆）

仕事の都合で、この一月余りの間に2度、新疆ウイグル自治区を訪れた。初めての新疆では見聞することのいずれもが新鮮に感じた。新疆は中国の中にあるものの、かつて訪れたどの地方とも違う独特の雰囲気を持つ場所だった。新疆にいるあいだ中、まるで「外国」にいるような感じをずっと抱いていた。

新疆の人口約1750万人のうち、漢族は40％に満たない。60％以上はウイグル族、カザフ族等の少数民族だ。省都のウルムチでは漢族が過半を占めているものの、例えば私が訪れたトルファンでは、70％以上を占めるウイグル族が圧倒的に「多数民族」である。年輩のウイグル族の人の多くは、まったく漢語を解さない。街で見かける看板にもアラビア文字と漢字が併用されている。

最初にトルファンに着いた夜、食事の後に一人で「夜市」をぶらついた。新疆は、北京との間に約2時間の実質的な時差があるため、夏ともなると夜の10時頃まで明るい。私も10時過ぎに夕暮れの散歩を楽しんでいた。市場には多くのウイグル族商人が露店を出して様々なものを商っていた。私がデジカメを向けても、イヤな顔をする人はおらず、その場で画像を見せてあげたりすると、続々とモデルを志願する人が現れるなど、とても人なつっこい人たちが多いと感じた。私は何だか暖かい気持ちになって歩き続けた。そのうち、露天の飲食店が立ち並ぶ一角に出た。皆思い思いにビールや白酒を飲みながら食事をしている（註：中国のイスラム教徒には、アルコールを口にする人がいる。ただしそう言う人でも豚肉は口にしないと聞いた）。私も、どこかで一杯飲もうかとキョロキョロしているうちに、とんでもない場面に出くわしてしまった。

漢族と思われる若い女性が口から血を流しながら露店街の真ん中で仰向けに倒れていた。白目を剥いて気絶しているが、腹部が動いているから、まだ呼吸はあるらしい。いずれにしても極めて生命の危険が高い情況であるのは間違いない。廻りの露店では、（ほぼ全員がウイグル族と思われた）誰もが普通に飲食をしている。倒れている上からのぞき込むように見ていく人はいるが、誰も助け起こそうとしない。私も息を飲むようにして、少し遠く離れたところで立ちすくんでしまった。しばらく後に、通報を受けたらしき警官（やはり漢族風）が2名現れた。ここに至って初めて群衆が取り囲んで、異常事態という様相を呈

トルファンの夜市でブドウを売る
ウイグル族の母と子

した。何人かの目撃者が警官の事情聴取を受けていたが、どうも「この女性を殴ったか刺した男はすでに逃げ去った後だ」といったことを警官に説明しているようだった。やがて警官がタクシーを一台連れてきて、この女性をどこかへ運んでいった。

女性が連れ去られると、すぐに露店の女性従業員がチリトリとホウキをもって来て、血だまりの上に砂をかけ、砂ごと道端に捨てた。たちまち現場には何の痕跡もなくなり、野次馬も四散し、通常通りの飲食風景が続けられた。私一人がいつまでも立ちすくみ「一体今のは何だったのだ」と自問を続けていた。

一般に、中国では交通事故現場などでも、警察が来るまでは怪我人が放置されることが多いのは知っていた。下手に関わって余計な嫌疑がかかったり、面倒事に巻き込まれたりするのを避けるため、と言われている。だから、私が見たのが新疆に独特の事態だったとは言えないし、ましてや、軽々に「民族間対立問題が背景にある」云々などと言うつもりもない。ただ「一体あれは何だったんだろう」「あの女性はどうなったんだろう」という疑問とともに、あの時の場面が強烈に心に残ってしまっている。あの時、あの場における人命の重さとは、どういうことになっていたのだろうか、と。今回はいつになく暗い話題になってしまった。旅をすると本当に色々なことに遭遇するものだ。もちろん新疆の旅には楽しいことも多かったし、私は新疆のことをとても好きに思ってもいる。

2. 昆明詐欺事件（2000年4月　駐在中の中国・北京にて執筆。コマースクリエート社刊『北京かわら版』2000年6月号に掲載）

1999年10月のこと。ある経済ミッション（代表団）の事前準備のために一人で雲南省に出張した。その日は省都の昆明で中国側と打ち合わせを行い、一段落ついたので、昆明市内を散策していた。

すると、3人組の男女が私に近寄ってきた。初老の男と若い男女という組み合わせだ。いずれも、きちんとした身なりをしている。まず女性が「あなたは昆明の人か？」ときれいな標準語で問うてきた。道でも聞かれたらやっかいだなあ、と思いつつ「いや北京から来ている出張者だ」と言ってそのまま通り過ぎようとしたら、3人は口をそろえて「それは丁度良かった！話を聞いて下さい」とついてこようとする。何かのセールスだろうと思い「いや、そういうのは結構です」等と言いつつ振り切ろうとすると、「いや、そう言うのじゃないんです。違うんです。ちょっと聞いて下さい」と何やら必死にくいついてくる。いや～な予感はしたのだが、何となく迫力に押されて、話を聞くことになった。

「実は、私たちも北京から出張で来ているのですが、財布やカードをなくしてしまい、帰りの飛行機のお金が少しだけ足りないのです。北京に帰ったら必ずお返ししますから、ちょっと貸して下さい」と必死に懇願する。

「うーん、しかしそういうのはちょっと信じられないような……」ともぐもぐ言っていると、3人は身分証明書は見せるは、名刺はくれるは、あの手この手で信用性の高さを認識させようとする。初老の男性などは、自分の面の皮をバンバン叩きながら「この顔でこの歳まで商売してきた。このメンツにかけて嘘はつかないっ!」などと大見得を切ってたたみかけてくる。

それで、よせば良いのについ「じゃあ、一体いくら足りないのですか?」と問うと「340人民元(当時のレートで5000円くらい)あれば何とかなる」とのこと。後で思えば、端数なんかつけてそれらしくするあたりがプロの仕事なんですね。

半信半疑ながら、ムードと迫力に流されて「本当なら気の毒だしその程度の金額なら貸してやろうかな」、なんて気になってしまった。結局、借用書を書いてもらって、340元というのも面倒なので400元渡した。「じゃ、ここに返しに来てね」と名刺を渡すと、名前で日本人だとわかって少し顔色が変わったようにも見えたが「あなたという日本人の親切は一生忘れません。来週必ず長富宮辦公楼に返しに参上します」なんてのたまった。そして実にあほらしいことには、ニコニコと3人と握手なんかしちゃったりして別れたのだった。

ホテルに戻って、仕事の報告がてら、いつも冷静な同僚にこの話をすると、あっさりと「それは授業料を払ったと思った方がよいね。だいたいその連中、出張で来ているのなら、仕事のパートナーが昆明にいるはず。そこから金を借りるのが普通だろう」とのこと。ここに至って、私もやっと「詐欺にあったのかなあ」との疑念を強くしたのであった。

案の定、北京に帰っても何の音沙汰もなかった。もらった名刺の電話番号もでたらめだった。名刺と借用書はびりびりに破って捨てた……。

悔しいのと恥ずかしいのとで、この話はほとんど誰にもしたことがなく、原稿を書くために思い出してみるとやはり癪に障る。

しかし、敵ながら鮮やかな手口だったなあ。その道のプロなんだろうけど、演技力といい、要求金額の微妙に小さいことといい、3人で寄ってたかって迫力で押す方法といい、結構引っかかる人も多いのではないか（こう書くと「そんな馬鹿はお前だけだ」とも言われそうだが）。

さて、3回にわたって、騙されたり盗られたり殴られたりした話ばかりで恐縮です。読者の皆様の防犯の参考になれば、と恥を忍んで書いた次第でした。

3. 延辺の旅（2000年10月　駐在中の中国・北京にて執筆）

北京駐在も5年近くとなり、そろそろ中国での最後の国慶節（建国記念日）連休か、とも目される我が家では、直前まで私の仕事が忙しかったこともあり、何の計画もないまま1週間前を迎えてしまった。家人の希望で、韓国だとか東南アジアへ行こうかとあちこち当たったが、いずれも中国人旅行客でフライト満席、ホテルぎちぎち、という状態であった。今だから正直に言うと、あまり気が進まなくて真面目には探さなかったのだが。

実は、私には何年も前から、どうしても一度行きたい場所があった。東北（旧満州）は吉林省の延辺朝鮮族自治州である。朝鮮の文化や食生活（焼き肉、冷麺、キムチは北京でも毎週一度以上は欠かさず食べています）に関心があるからだ。かといって北朝鮮に行くにはお仕着せのツアーしかないし、行動を監視されるとも言う。韓国も良いけど、現地の言葉がまったくできないので、一人旅ならともかく、子連れとなるとどうしても日本人ばっかりのツアーに参加せざるを得ない。延辺なら中国語が通じるらしいし、看板やメニューもハングルと中国語が併記されているという。それに、何より中国の朝鮮族について関心があった。最近、仕事で辺境の少数民族地域（雲南、新疆など）に行く機会が多く、自分なりにこれらの地域との対比もしてみたかった。

そこで「そんなに韓国に行きたいのなら、吉林省延辺朝鮮族自治州に行こう！　朝鮮族が多くて、きっと韓国にいるような雰囲気が味わえるよ。冷麺も焼き肉も美味しいらしいよ」と私がやおら提案し、しぶる家人を無視してフライトとホテルを予約した。もう連休の３日前だったが、このコースは空いているらしくてあっけなく手配できてしまった。

崔京華さんという朝鮮族の友人にこの旅行の計画を話すと、「延辺にはたくさん親戚がいるので案内させましょう」、と大いに盛り上がり、うまいことに、ますます引き返しがつかない状況になった。もはや既成事実として家人を説得し、しぶしぶのＯＫがでたのは出発２日前であった。

私はというと、その前から延辺と朝鮮族に関する本を読み漁り、すっかり心は延辺へと飛んでいたのであった。

延辺朝鮮族自治州は、吉林省の東南部、北朝鮮との国境沿いの一帯である。朝鮮族の霊峰、長白山から日本海に流れる図們江(朝鮮名は豆満江)を隔てた対岸が北朝鮮である。つまり「北」朝鮮が「南」側にある、という日本人から見ると一種倒錯した状況にある朝鮮族居住区である。面積は朝鮮半島の５分の１ほどで、延辺の約２００万の人口の半数弱が朝鮮族である。朝鮮族は全中国では180万人程いると言われるが、延辺、特に州都の延吉市は中国の朝鮮族の文化と教育の中心的役割を担っている。

18世紀頃に半島からの移民が始まったとされているが、朝鮮族がこの地に大量に移住してきたのは、朝鮮併合、「満州国」建国、清朝の混迷といった時期であり、歴史的要因が大きく影響している。日本人は言うまでもなく当地では侵略者であったし、漢族や清朝（満州族）、やはり国境を接するソ連（ロシア）との関係もあり、延辺の朝鮮族は歴史の波に翻弄されてきた、といえるだろう。朝鮮戦争の際には多くの延辺の朝鮮兵が中国義勇軍の一員として図們江をわたって国連軍と戦った。

北京から空路2時間足らずで延辺の州都、延吉市に到着する。空港からタクシーで市内に向かう途中、金色に実った水田が広がる美しい風景を見た。すでに一部では稲刈りが始まっており、コンバインではなく、農民が鎌を使って手作業で刈り取っていた。なるほど、空港内の表示から道路沿いの看板に至るまで、すべてハングル文字がメインで、漢字と併記してある。漢字がなければ、私たちには何が何だかまったく意味が分からないことになる。

宿泊先は延辺大宇ホテル。韓国の大宇グループの投資によって数年前に完成したばかりの立派なホテルだ。長白山観光の韓国人団体客が主な客筋らしい。10月の長白山は相当に冷え込むらしく、もはや観光客もまばら。幼い子供をつれている私たちも長白山行きは断念していた。人によっては「長白山にも行かないで、延吉に3泊もして、何がおもしろいの？」なんて心配をしてくれたが、結果的には3泊4日では飽き足りないくらい楽しい思いをしたので心配は無用であった。

情熱あふれる朝鮮族のもてなし

到着したら早速、崔さんの従兄弟の崔松さん夫妻がホテルに迎えに来てくれた。崔松さんは、朝鮮語で教育を受け、家でも朝鮮語で生活しているという生粋の朝鮮族。中国語もどことなく外国人風のアクセントがある。保険の仕事をしていて、恰幅の良い旦那風のお兄さんだ。夫妻が案内してくれた市の中心街にある「西市場」は、一万（ちょっと大げさと思うけど）もの小店舗が軒を並べると言い、日用品、食品、衣料品などを大変な混雑の中で商っている。家人たちが目ざとく「タイヤキ」を売っているのを見つけた。最近流行の「韓国食品」だそうだ。食べてみると日本のタイヤキと同じ。他にもキムチや朝鮮人参みたいな私たちに予想のついたものばかりではなく、海苔巻き、ホオズキといった懐かしいものも普通に売られている。ホオズキは生のまま食用して、喉の薬にするらしい。一つ食べてみたが、確かに「薬」の味がした。

ブタの腸の中に餅米を詰めて蒸した「米腸」という食べ物も美味しい。市場をふらついただけで、もう延吉に来て良かった、と思い始めていた。崔さん夫妻の暖かい案内に、子供や妻もすっかりリラックスしているし、これで私も大いに安心したのであった。

夜は老舗の焼き肉屋でご馳走になった。中国と同じで、ホスト側が酒を勧めると客が一緒に飲む、というスタイルだ。朝鮮族の場合はこれがもっと徹底していて、酒は常に主人の足下に置いてあり、これを注ぐのはすべて主人の仕事。酒を注がれる人は必ず両手で杯をもつ。注ぐ方は、胸に手を当てて敬意を表する、目上の人の前では、横を向いて口元を見せないようにして飲む、といった朝鮮族の礼儀作法については事前に調べていたが、まさにその通り。次第にピッチがあがり、崔さんと二人でビールを大瓶10本くらい空にしてしまった。ちなみにビールは「氷川ビール」というブランドで、延辺で最も売れている。やや端麗ですっきりした飲み口だ。

酒を勧めるだけでなく、その間に肉を焼いたり、子供に肉をとってやったり、というのも主人と奥さんの仕事で、常に客である私たちに気を使ってくださって、朝鮮族の「好客(ホスピタリティの強いことを示す中国語)」ぶりは、本当に大変なものだ。そもそも私たちは「北京にいる従兄弟の友人」というだけの初対面の外国人(それもかつての支配者の末裔)であるというのに。

ところで延辺の朝鮮族の話す言葉の中には、日本人がもたらしたと思われる言葉がたくさん使われている。本で読んではいたけど、実際にコップ、ピール（ビール）、メガネ、ザブトンなんて言葉が使われているのを聞くと、不思議なような申し訳ないような複雑な気持ちだ。もっとも私くらいの年齢の朝鮮族は、それらの言葉が日本語から来たことを全く知らないか、意識していないのだが。

国境線をまたぐ

翌日は、北朝鮮との国境の町、図們を訪ねる計画で、図們に住む別の従兄弟である孫福澤さんが朝の9時にホテルに迎えに来てくれることになっていた。前日の痛飲がたたって8時前まで寝ていたら、いきなり部屋がノックされた。ドアを開けると、めがねを掛けたインテリ風の孫さんがたっていた。朝の6時に図們をでてきたという。前日の崔さんとは違って物静かで、暖かいまなざしでゆったりとしゃべる人だ。図們の郊外の紅光郷の役場で働いている。こちらは漢族の学校で学んだため、朝鮮語より中国語が得意だという。確かに漢族と変わらぬ言葉遣いをする。

「すごいボロボロのジープに乗ってきたのだけど、よければその車でご案内しましょう」と言ってくれた。あわてて家族４人で着替えと朝食をすませて、ホテルの駐車場に行ってみてびっくり。用意した「ボロボロのジープ」というのは、確かに「ボロボロのジープ」なのだが、ただの「ボロボロのジープ」ではなく、そもそも「パトカー」だったのである!!　運転手もついている。てっきり警察官がアルバイトに来てくれたのかと思うと、そうではなくて、友人の警官から車だけ拝借して別の友人に運転を頼んだという。いったいこのあたりの警察のシステムはどうなっているのか、と首をひねらないでもないが、北京でもパトカーに家族連れが乗っているのはよく見るなあ、確かに。

延吉から1時間あまりジープに乗って図們に向かう。延吉から離れるに従って、ますます朝鮮的な要素が強くなってくる。たとえば看板がハングルだけだったり、民家がオンドルの煙突付の瓦葺きや茅葺きの建物になったり。周囲には水田が多く、国慶節当日だというのに農民が休みもなしに稲刈りをしている。もうすぐ寒くなって農作業ができなくなるのだ。ところどころ舗装していない道もあってジープは大変に威力を発揮した。ロデオのように揺れたりするの

このパトカーでお迎えに来て頂きました。
これは故障したときの写真

だが、子供たちは逆に大喜びだ。

図們の市内に着いたとたん、車が修理工場に入った。「壊れたから修理をします。後は歩きましょう」とのこと。「どこまで歩くのですか?」と問うと「国境までです」。

とほほ、一体どれだけ歩くのやらと観念して2分も歩くと、いきなりそこに「国境」はあった。つまり目の前に図們江が流れている。橋が対岸まで通じていて、あちら側には民家が見える。それが北朝鮮だ、という。あまりのあっけない対面に気が抜けてしまった。しかし、まぎれもなく北朝鮮は私たちの数百メートル先にその姿を見せていた。

図們には北朝鮮に通じる橋が二つある。鉄道橋と自動車橋で、いずれも日本人が占領時代に建設したものだ。孫さんの案内で、橋を渡って本当の国境まで行けた。「これから先は日本語を話さないように」との指示で家族4人は、変な中国語で会話しながら国境まで進んだ。橋の中間に人民解放軍の兵隊が自動小銃を持って立っていて、「辺界線」と書いた線があるのが「国境」だ。ここまで来ると対岸ははっきりと見える。北朝鮮の衛兵が立っているのも見えるし、農民が羊を追っているのも見える。私たち、衛兵が優しそうな人なのを良いことに、国境線をまたいで写真を撮ってしまった。つまり、北朝鮮に足を踏み入れたことになる。

孫さんは昨年、支援の米を届けるために図們江を渡ったという。「あちら側では、たくさんの人が食べるものもなくて飢えているのですよ。私たちは同じ民族です。本当に気の毒だ」と語った。国境線を跨いではしゃいでいた自分を恥じてしまった。

延辺にまた行きたい

こんな感じで私たちの3泊4日の旅は終わった。最初は気の進まなかった家人も子供たちもすっかり延辺のファンになったようだ。

都会的なあっさりした人間関係に慣れてしまった私たちには、延辺のみなさんの熱烈な歓迎は新鮮だった。腹がはち切れそうなのに、熱心に食事や酒を勧められるという宴会が何回も続くと、正直いって、もうそろそろ自分たちだけでのんびりと飲んだり食べたりしたい、と思わないでもなかったが、そういう気持ちも察してか、最後の二日はまったくのフリーにしてくれて、これはこれで貴重な時間を過ごせた。

朝鮮の人は子供の頃から身近な存在だった。学校には「在日」の友達もたくさんいたし、北京に赴任してからは朝鮮族の友人も何人かできた。でも最も近いはずの隣国でありながら、朝鮮・韓国って私たちにとってずいぶん遠い存在のような気もしている。焼き肉、キムチ、ユッケ、ビビンバ……そんなこと以外に何を知っているのだろう。

このたび、朝鮮族の人たちを見ていて、この民族の文化に暖かく懐かしいものを感じた。公園では車座になって海苔巻きやキムチを食べながら、家族で楽しんでいる。おばさんたちは興が乗れば、両手をあげて踊りながら民謡を歌う。とにかく家族や友人を大切にする……。

それに俗なことだけど、食べ物がこれまた素敵だった。米は北京とは比較にならないほど美味しいし、朝食などは毎日、ご飯とみそ汁（朝鮮族は毎日みそ汁を飲むらしい）とキムチだけでも満足できる。その上に数多くの漬け物やおかずも必ずついてくる。水がきれいなのか、家人は延吉に行って以来肌がスベスベになったと喜んでいる。

あちこち旅をしたけど「行って良かった」とこんなに思った旅も珍しい。子供が大きくなったらもう一度一緒に延辺を訪ねるのが私の夢だ。

4.「昭南神社」跡地探検記（2013年1月　駐在中のシンガポールにて執筆）

腰痛なので、この週末はゴルフはやめて明日のソフトボールも見学にするつもりだ。久しぶりに自由な時間ができたので、前々からしてみたかった「昭南神社」跡地の探索にでかけた。

「昭南神社」は、シンガポールが日本軍に占領されて「昭南島」と改名していた時期に日本軍が建立した大きな神社で、日本が敗戦、軍が撤退する前に自ら破壊したと伝わる。今は熱帯雨林の中に廃墟として残っている。

先ずは、神社のあった場所を、貯水池を挟んだ正面から眺めてみる。跡地は、シンガポール・アイランド・カントリー・クラブ（通称：ＳＩＣＣ）という名門ゴルフコースのブキット３番というショートホールの対岸にある。うっそうとしたジャングルで、樹木の他には何も見えない。

戦時中には、太鼓橋がかかっていたと言い、その基礎の部分だけがゴルフ場の片隅に残っているのが確認できた。この橋が今でも架かっていれば苦労はないのだが、今はジャングルの裏側からしか現場に行けない。そして、大変な思いをして対岸まで行くこととなった。

マクリッジ貯水池の廻りに作られたジョギングやトレッキング用の道を６㎞近くもあるいて、漸く神社の入り口に到達。前に現場を探索された方のホームページで、大きな石のあるところが入り口の目安と聞いていたが、何とその場所には、「許可された者以外立入禁止」の立て札が立っていた。しかし、ここまで来て引き返すのも癪なので、「自己責任」で中に入っていった。前に歩いた方（恐らく日本人）が残していった木に巻き付けたテープなどの目印が残っているので、これを頼りにずんずん進んでいく。倒木がところどころ道を遮っているなど、障壁が次々と現れる。猿が木から木に飛び移る音が聞こえる。ジーンズと長袖で良かった。トゲトゲの木やら虫やらが身体に触る。目印通りに行っても途中で行き止まりになること数度。腰は痛いし、とんでもないところに来たとの後悔も頭をもたげる。雨季に来たのも失敗だった。足下がとにかくぬかるんで危ない。ついに諦めて、「勇気ある撤退」を気取って一旦は帰路につこうとした。でも、最後と思って辿った目印が正解だったようだ。

いくつもの障壁を越えていくうち、神社の名残と思われる石の固まりがたくさん転がっている広いスペースにたどり着いた。後でわかったがこれが本殿の跡だった。神社の裏側から来たから参道も鳥居の跡もなく、いきなり本殿だったわけだ。

クライマックスは本殿を過ぎてから見つけた手水場（ちょうずば。写真の通り）。ほぼ原型を留めている。中には水が溜まっており、澄んだ水の中にオタマジャクシが泳いでいた。70年前には相当に大きなお社だったことが伺える。長さ2メートルもある手水場であった。

昭南神社跡に、ほぼ完全な状態で残っている手水場。手前には柱の基礎と思われる石がいくつか見える

私は仏教徒ではあるが、柏手を打って拝んだ。侵略の跡であるとは言え、戦前にここで暮らした日本人や、占領されたシンガポールの人たちにも思いを寄せる。感無量。

ただ、ここまで既に3時間近く、そのうち後半の1時間はジャングルの中を歩いており相当に疲弊していた。帰りはコンパスを使いながら慎重に間違えないように引き返した。

これから訪れる人がいたら、以下にはぜひ気をつけて頂きたい。

①雨季は避けるべき。足場が悪い。それに突然スコールなどにあったら本当に危険。私は何度も気象レーダーをウェブでチェックしながら、雨雲のないのを確認しながら歩いた。殆どの場所で携帯の電波は届いていた。

②服装・装備は本格的な登山並みが必要。私はジーパンに長袖シャツだったのでまだ良かったが、靴はちゃんとした登山用を履くべきだった(もってないけど)。軍手もあったら良かった。トゲトゲの蔓などを掴みながら歩く必要がある。

③独りで行くべきではない。途中で足を挫いたりしたら、助けも呼べない。かといって、ペチャクチャおしゃべりしながらカップルで行くようなところでもない。きちんと道を覚えながら歩いてくれるような頼もしい人がいいな。

ともあれ、怪我もせず何とか無事に帰って来られて。大きな達成感を味わえた日帰りの旅であった。

おわりに

本書に掲載しなかったものも含めて、駐在時代にあちこちに書いた文章を改めて読み直してみて、感じることが多かった。

まずは、随分と貴重な体験をさせてもらったなあ……という感慨だ。駐在地を起点に多くの場所に出張もしたし、個人的な旅もした。そんな中で、本書に書いたことも、そうでないことも含めて本当に多くの人や事象と遭遇してきた。人生の終盤を迎えて、このことの貴重さをつくづく感じている。

実は、還暦を過ぎてすぐに「前立腺がん」に罹患していることがわかった。結果的には、ごく初期のもので進行も遅く、当面は命に別状はないとの診断であったが、一時は初めて「死」を具体的にイメージして覚悟も決め、この先、自分にはもうこのような「旅」をすることが叶わない可能性もあると考えていた（ただ、がんは別にしても、年齢的に、もうこのようなエキサイティングな旅はできないだろうが……）。

そんな経緯もあり、後に続く若い人たちにも、それぞれの仕事や生活の中で、できる限り多くの「旅」を経験してもらいたいと願っている。

そのためには、世界が平和でなければならない。ミャンマーで起きていることや、ガザ地区やウクライナの戦禍、そしてコロナ禍や引きも切らぬ自然災害や人災を見てきて、そのことを痛感している。私の書いた文章の中にも、先の大戦での日本の占領時代の話が出てくる。こうした国々と再び戦争を起こすことは、何があっても絶対に避けなければならない。しかし、昨今、素晴らしい友人が多くいて貴重な体験もさせてくれたかつての駐在国を「仮想敵国」と見做して、軍備増強を声高に叫ぶ風潮が強まっていることを強く危惧している。

私は、一介の日本語教師として、中国やアジアの国々の子どもや若者に日本語を教えている。これは、若い頃からお世話になった海外の人々とその息子さんや、娘さん、お孫さんの世代への恩返しでもあり、世界平和のための本当に小さな、しかし地に足の着いた貢献であると信じている。

還暦を迎え、自身の「旅」を振り返って、そんなことを改めて考えさせられた。

動物園と水族館をめぐる
こだわりの旅

都築　功

「旅」をテーマにした本をみんなで書こう、という呼びかけの指に最後にとまった。しかし、よく考えたら私はそもそも「旅のための旅」をあまりしたことがない。安請け合いして指にとまったものの、さて何を書いたらいいいか。私の「旅」はイベントや人に会いに行くなどのための移動がほとんどで、そのついでにたいてい動物園や水族館を訪れている。そうこうするうちに、全国の動物園や水族館を見て回り、いずれは制覇したいと思うようになった。他の著者の方々とはだいぶ雰囲気が違うと思うが、動物園や水族館をめぐる旅とさせていただくことにした。

1. こだわりの動物園や水族館めぐり

なぜ動物園、水族館か。私がもともと生物学を専門としていたこともあるが、それだけでは説明がつかない。いくつかの出会いがきっかけとなった。

2001年、教育委員会に勤めていた時代、何で知ったか覚えていないが、自宅の近くに開園して間もない「よこはま動物園ズーラシア」で「市民ZOOネットワーク」という団体の主催するイベントがあるというので出かけてみた。その団体の主催するイベントは、単に動物園をめぐっていろいろな動物の解説をしたりバックヤードを見せてくれたりするものではなかった。たとえばメガネグマの飼育されている所で約1時間、行動を観察し続けるのである。その頃の多くの動物園では、クマの仲間などは狭いおりの中に閉じ込められて、寝ているか狭い所をぐるぐる歩き回っているしかなかったが、ズーラシアのメガネグマは広い場所が与えられ、かなり自由に動き回れていた。そのイベントを通じて、私は「エンリッチメント（動物にとっての快適な飼育環境）」という見方を知った。人間からの視点でなく、動物の立場に立っての視点である。また、日本各地には大都市だけでなく、中都市にも動物園があることを知り、動物にとっての飼育環境がどうなっているかという新しい見方で、できるだけ多くの動物園を見て回ろうと思った。

また、来園者にとって見やすいことを維持しつつ、生息環境にできるだけ近づけた展示も工夫されていることがわかってきた。たとえば、チンパンジーやゴリラなどの類人猿は、以前は三方をコンクリートで囲まれた平らな展示場所で来園者の目にさらされていたが、最近では樹木を配置して木に登ったり休んだりすることができるようになっている動物園が増えてきている。

また、動物の種類にもよるが、単独で飼育するのではなく集団で生活できるようにしている。東京都では、園あたりの個体数を確保するために、ゴリラは上野、チンパンジーは多摩というふうに役割分担をしている。来園者にとっては片方しか見られないのに不満を感じるかもしれないが、新しい動物園のあり方が進んでいる。

さらに、動物園をめぐるうち、解説パネルなども工夫されていることに気がついた。動物園で飼育されている動物の中には、絶滅の危機に瀕している種もある。動物の生活や保護について、来園者にいかに伝えられるか、工夫のあとが感じられる。

動物園ばかりではない。水族館も全国にあり、それぞれ特徴のある展示をしている。動物園とあわせて、全国の水族館も見て回ろうと思った。

2．動物園教育にたずさわる熱い方たちとの出会い

前述のとおり、私が動物園についてそれまでと違った見方ができるようになり、全国の動物園や水族館を見て回りたいと思ったのは、「市民ＺＯＯネットワーク」との出会いがきっかけであった。趣味も研究も社会活動も、独りではなかなか長続きしない。人とのかかわりが重要であることはいうまでもないだろう。

２０１５年の2月、ある出会いがあった。当時、私はすでに東京都の高校の副校長を退職して東京都の教職員の研修の仕事をしていた。大阪府の教育委員会で指導主事をしていた親しい

友人から、こんど全国の動物園の教育担当のスタッフが大阪に集まって学校と動物園の連携の研修会をやるのでオブザーバーとして参加しませんか、との誘いがあった。私はもちろん、喜んで参加させていただくことにした。動物園の教育担当とは、来園者に解説をしたり、学校に出前授業に行ったり、解説パネルをつくったりするスタッフである。大阪の天王寺動物園で開催されたこの研修会に参加し、本当に驚いた。何に驚いたかというと、集まった方々の動物園での教育の仕事にかける熱い思い、全国の動物園や水族館の仲間同士の強い連帯感、さらに研修の終わった後の懇親会での明るい雰囲気。それは私が若い頃からどっぷりつかって育ってきた、全国の高等学校の生物教師の研究会と相通じるものがあった。私は動物園での教育に直接たずさわる身ではなかったが、快く受け入れてもらえて、その後も毎年、動物園教育の大会に参加させてもらった。

大阪の天王寺動物園での研修の後は、通天閣の足元の「新世界」で名物の「ソース二度づけ禁止の串カツ」をみんなで堪能した。串カツとビールの味と、心ゆくまで楽しんだ思い出は忘れられない。最後は指導主事の友人と、動物園教育の会を中心になって引っぱってきた北九州の動物園の女性の獣医さんと3人で、三次会まで行った。獣医さんがぽつりと言った。

「家庭が貧しくて動物園に行けない子もいるんだよね。何とかできないかと思っている」

この一言で、その獣医さんのファンになった。

福岡市で居場所がない若い人たちに自宅を開放し、ご飯を食べさせたり必要に応じて宿泊させたりして、ボランティアの助けを借りて勉強も教えていた方がいた。その方と古本の寄付を通して親しくなった。北九州の獣医さんと出会って一年経った後、その方が面倒をみていた一人の女子生徒が将来動物園に勤めたいという希望をもっているというので、私が獣医さんを紹介して動物園を訪問してもらい話を聞いてもらうことができた。実際にはなかなか狭き門だと思うが、見ず知らずの大人が気にかけて場をつくったことを理解してもらえたことをうれしく思う。

3.「古く老朽化した地方の動物園」からよみがえった市立の動物園

日本全国には、動物園90、水族館50の計140園館が存在するそうである（日本動物園水族館協会による）。動物園は県庁所在地だけでなく、動物園をもっている市もいくつか存在する。その中には小規模ながら特徴ある運営をしている所も少なくなく、市民ZOOネットワーク主宰で毎年開催されているエンリッチメント大賞を受賞している園もある。

そういった動物園にはぜひ足を運びたいと思っていた。ここでは、茨城県日立市のかみね動物園と、山口県宇部市のときわ動物園を訪れたときのことを紹介する。

茨城県日立市立かみね動物園は、１９５７年に開園し、２０２３年でちょうど60周年を迎えた。ＪＲ常磐線日立駅から茨城交通バスに乗車し、神峰公園口という停留所で下車する。ゆるやかな坂道を登っていくと動物園の入口にたどりつく。かみね動物園は一時期、来園者が激減し経営の危機に陥ったが、50周年を機にチンパンジーの森を皮切りに、ゾウ放飼場、ふれあいプラザ、新ペンギンプール、サルの楽園、クマのすみか、新キリン舎、新シカ舎など毎年のように施設の新設や改修を行ない、動物を生き生きと見せる工夫に力を入れた展示を心がけるようにした。「総合的な取り組みと市民参加によるサポート体制の構築」により２０１６年にエンリッチメント大賞を受賞している。２０１７年7月に、理学博士・西原智明さんの「アフリカ野生動物を絶滅から救うことはできるのか～マルミミゾウとヨウムの実態～いま日本人にできること」という講演が行なわれるというのを知って、日立まで出かけることにした。

かみね動物園では「エンリッチメントは失敗を恐れずに！」の精神のもと、70以上の取り組みが行なわれている。カバでは、落ち葉や浮草の投入や丸太の設置により新たな採餌・遊びの行動を引き出したり、高齢個体のためプールの水量を増やしたり水底に砂を敷き段差をなくすなどして足への負担を軽減させた。カワウソでは、狭い施設でのイキイキ計画として、棒や筒、カップ、タッパーを用いた採餌の工夫など11の取り組みの中から毎日2〜3つのエンリッチメントをランダムに実施している。カピバラでは運動場に草を繁茂させ、草を倒す、引き抜くなど新たな行動を引き出し、チンパンジーではトレーニングに獣医師も参加することでストレスなく治療が受けられるようにもなった。

私が訪れてみて、最も感心したのが展示説明の工夫である。アライグマはかつてペットとしてブームになったが飼育が難しく遺棄されることも多く、現在では外来生物の中でも最悪といわれている。しかしアライグマ自身には何の罪もなく、人間の勝手による。このことを説明する展示パネルには「大人が読んで聞かせてあげてください」と書いてあった。実は大人に対して伝えるという工夫が成されている。まさに、スタッフと来園者が一緒に動物の幸せを考える環境ができている。

山口県宇部市は、山口県西南部にある、かつて炭鉱やセメントの製造で人口が急増した市である。ときわ動物園は、市内にある広大なときわ公園の中にある。山陽新幹線の新山口で下車し、高速バスで約20分、「ときわ公園入口」で下車する。

２０１８年８月に、山口市で高校の生物教員の研究大会が開催されたが、私は前日にときわ動物園を訪れた。

園内に入ると、すぐに賑やかなテナガザルの鳴き声が聞こえてくる。近くに行ってみると堀を隔てて小さな島があり、そこに生えている樹木の枝の間をテナガザルが、伸び伸びと自由に動き回っていた。

ときわ動物園の特徴は、サルの仲間が大部分を占めているということと、生息環境にできるだけ合わせた形で展示しているという点である。餌も工夫されている。一般的に「サル＝バナナ」というイメージがあるが、実際には同じサルの仲間でもそれぞれの生息地の環境によって食べ物は異なり、それに合わせた消化器官をもっている。これまで一般に与えられてきた果実を中心とした餌では不適当であることが予想され、海外の動物園が出版している餌の資料などを参考に、餌の改善を実施し、飼育個体の適正な体型作りに取り組んでいる。これにより、順位による体格差が減少し、低年齢個体の死亡率が低下、闘争で負傷する個体が減るなど、さまざまな問題点が解決されたそうである。「サルたちの健康を考えた採食エンリッチメント」により２０１７年にエンリッチメント大賞を受賞した。

ときわ動物園はその前身が１９５５年に開園した。市民からの一円募金によって設立されたという。ライオンもゾウもいない、きわめてユニークな動物園であるが、市民によって支えられてきた。

日立市かみね動物園
http://www.city.hitachi.lg.jp/zoo/
〒217－0055　茨城県日立市宮田町5－2－22

宇部市ときわ動物園
https://www.tokiwapark.jp/zoo/
〒755－000　山口県宇部市則貞3－4－1

4．北九州の動物園と「角打ち」

私が動物園や水族館を訪問するようになったきっかけは、前述のように動物園の教育担当の方々との出会いだった。大阪で懇親会の後の三次会まで一緒に飲んだ獣医さんが勤めている北九州市の動物園を一度訪れ、ついでに北九州の「角打ち」というのを体験してみたいと思っていた。

北九州市に初めて来たのは１９９０年代、環境教育学会という学会への参加だった。学会の行事として市内の施設見学があったが、市の職員の話を聞いて驚いた。北九州市は八幡製鉄所をはじめ日本の重工業を支えてきた町でその分、かつては公害もひどかった。しかし、公害の町から一転して環境都市として見事によみがえったことを知った。それ以来、すっかり北九州市のファンになり、北九州市でつくられている無添加のせっけんをずっと愛用し続けている。

北九州市小倉北区の市立到津の森公園を訪れたのは２０１５年６月。福岡で開催された学会の前日だった。ここは、動物園とは言わずに「動物のいる公園」と称している。戦前から西鉄が公園と動物園が併設された施設として開園し、市民に愛されてきた。２０００年に経営が悪化し閉園となったが北九州市が引き継ぎ、2年後に改装し再開した。このとき、再開を願う市民活動が大きく影響している。現在も運営等に関する市民参加が重視されており、さまざまなサポーター制度、市民ボランティア団体によるガイドや清掃活動が行なわれている。

大阪で三次会まで一緒に飲んだ獣医さんとの再会である。園内を見て感心したのは、たとえばチンパンジーの展示には高い木を置いて観客が上からも下からも見られるようにするなど動物たちの飼育環境にさまざまな工夫が見られることと、説明の展示が市民ボランティアの協力だと思うが、手作り感に満ちており、温かみを感じさせてくれるものとなっていることだった。

閉園後、獣医さんの案内で小倉の駅近くで「角打ち」体験。呑ん兵衛の彼女がいつもFacebookに角打ちのことを投稿していたので、前からとても興味があり、ぜひとも体験したかった。酒の販売店での立ち飲みのことだと初めて知ったが、店内は常連客が多く、たいへん温かみのある楽しい雰囲気で、安価で美酒を堪能した。遅くまで動物園教育について語り合った。

到津の森公園（いとうづのもりこうえん）
〒803－0845 福岡県北九州市小倉北区上到津4－1－8

5. 台湾の動物園と水族館

2017年11月、台湾の南端にある屏東大学でアジア動物園教育研究大会が開催された。私自身はとくに研究発表できるものはなく、単なる動物園教育担当の応援団に過ぎないが、すでに親しくなっていた日本の動物園教育担当の方からお誘いを受け、参加した。

せっかくなら台湾の新幹線に当たる高速鉄道に乗ってみようと台北まで行って、そこから移動した。高速鉄道の終点の高雄（左營）で乗り換えてさらに南へ。屏東駅に降り立って、駅前のタクシーに乗り、屏東大学と告げた。大学で降ろしてもらったが、学会らしきものが開催されている様子がまったくみられない。途方に暮れて、藁をもつかむ思いで通りがかりの学生さんをつかまえて聞いてみた。そしてわかったことはこの大学はいくつものキャンパスをもっており、会場とは違うキャンパスで降ろしてもらっていた。学生さんは親切に、自分の車に乗せて会場のキャンパスまで送ってくれた。

会場に着いたら、歓迎パーティの最中だった。同じ動物園教育に携わる人たち同士、互いに強い連帯感で結ばれているように感じた。そして、とてもアットホームな雰囲気だった。

最終日に台湾最大の水族館、国立海洋生物博物館への見学が行事として予定されていたが、私は自分のスケジュールの都合で早めに帰国しなければならなかったので、会合を抜けて一人で国立海洋生物博物館へ行った。高雄の駅まで行って、そこから長距離のバスに乗る。水族館近くの停留所で下車したが周りは何もない。バス停からずいぶん離れている所で降りてしまったようだ。しばらくして空車のタクシーが通りかかり助かった。国立海洋生物博物館は台湾の南端の墾丁公園の中にあり、ともかく広い。じっくり見ていたらまる一日はかかりそうだ。館内の展示は主に「台湾水域館」「珊瑚王国館」「世界水域館」の３つに分かれている。

帰りのバスの発車時刻を見たら、次の発車までかなり時間があった。幸い、バス停に並んでいた家族連れが同じ所に戻ることがわかり、タクシー相乗りを提案して交渉成立。大学での懇親会に何とか間に合った。

アジアの動物園教育の大会に参加して、台北市の動物園ですばらしい取り組みをしていることがわかった。しかしスケジュールの都合で、行く時間がなかった。いつか必ずリベンジで台北市動物園を訪れたいと思って台湾を後にした。

翌年、新聞で、日本と台湾の高校生が夏休みに台北市動物園で一緒にワークショップを行なったという記事を目にした。日本側の主催は兵庫県にある「人と自然の博物館」。台湾側は「台北市動物園」。日本と台湾の高校生が生物の調査などを一緒に行なったというのは私にとって感動的であった。コミュニケーションは当然、英語になるが国境を越えた協働作業はすばらしい。自分はかかわることができなかったが、台北動物園を訪れてぜひ担当した方から話を聞いてみたいと思った。

そして２０１８年の９月、台北市立動物園を訪れた。台北の地下鉄で市の中心から乗り換えなしで行ける。動物園に入園し、まずは「教育中心」という施設を訪れた。スタッフの方に、夏に行なわれた日本と台湾の高校生の協働作業の担当者からお話をうかがいたいと伝えたら、しばらくして担当の方が来てくださり、1時間ほどお話をうかがった。アポなしでお忙しい中申し訳なかったが、丁寧に対応してくださり感謝している。夏の日本と台湾の高校生の交流の行事は、準備から当日の実施まで大変なご苦労があったようだ。このような若者同士の交流の機会がさらに広がるといいな、と思った。

台北市の動物園の取り組みについてもいろいろうかがった。驚いたのは、台北市のすべての小学校4年生は必ず動物園を使った授業を年に1回は受けることになっているそうで、そのための教材がいくつも作られていた。

教育係の方との話を終えて園内を見学したが、非常に広く、残念ながら3分の1ほど残して閉園時間になってしまった。最近、新竹という所に日本人の動物園関係者が企画した新しい動物園ができたというので、全部回りきれなかった台北市立動物園のリベンジとあわせて再訪したいと思っている。

6．東日本大震災からよみがえった福島の環境水族館

福島県小名浜の海岸に東北地方最大の「アクアマリンふくしま」という水族館がある。ＪＲ常磐線の泉駅で下車し、そこからバス。この水族館は「海洋学習館」として開設準備が進めら

れ、2000年に開館した。私は東日本大震災前に一度、ここを訪れたことがある。当時から環境教育に力を入れており、水族館の展示だけでなく屋外に広いビオトープもつくられていたのが印象的だった。また、シーラカンスの生態研究や、飼育が難しいサンマの飼育に成功するなど研究活動にも力を入れている。

アクアマリンふくしまは海に面して建てられていたので、東日本大震災で津波により壊滅的な被害を受けた。停電などの影響もあり約9割の生き物が命を失ったという。その後、すぐに再建が始まったというニュースを聞いた。驚いたことに、震災後のわずか4カ月後には再開したという。

アクアマリンふくしまは「環境水族館」と呼ばれ、楽しみながら環境の学習ができるようさまざまな展示の工夫がなされている。他の水族館のような動物のショーは一切行なっていない。生き物が生息する自然環境を再現した展示が特徴。福島県沖で暖流の黒潮と寒流の親潮が出合う好漁場「潮目の海」を表現した大水槽ではマグロの仲間やカツオとともにマイワシを展示し、食う、食われるの関係を見せている。

ユーラシアカワウソたちが暮らす豊かな環境要素を再現したことが評価され、2017年に「生息環境を再現した展示施設が引き出したユーラシアカワウソの哺育行動」でエンリッチメント大賞を受賞している。近年、カワウソのかわいい顔や姿、しぐさが飼育施設やマスコミで取り上げられ、ペット用の密輸などが問題になっている。アクアマリンふくしまには、カワウソのペット化を助長してしまうような展示要素はない。

イルカショーや「かわいい」カワウソを見たいという観客にとっては不満かもしれないが、強いメッセージを発するアクアマリンふくしまの取り組みを歓迎し、支持し続けたい。私自身も、どの水族館に行ってもイルカショーは一切見ない。

環境水族館アクアマリンふくしま
〒971－8101　福島県いわき市小名浜字辰巳町50
https://www.aquamarine.or.jp/

7. 個性豊かな水族館たち――クラゲ、フグ、チューブワーム、カエル

動物園も個性豊かだが、水族館もバラエティに富んでいる。これまで多くの水族館をめぐってきたが、本稿の最後にその中からとくに印象的だった水族館をいくつか紹介することにする。

【クラゲ】

山形県鶴岡市にある、「鶴岡市立加茂水族館」。東京から約4時間、JR鶴岡駅で下車しバスで約40分の所にある。クラゲに特化した水族館として、今ではすっかり有名になってしまっている。60種類ものクラゲが展示され、直径5メートルの丸い水槽には1万匹ものミズクラゲが泳ぎ、幻想的な光景を見せてくれている。

加茂水族館のミズクラゲ

【フグ】

山口県の「市立しものせき水族館 海響館」はJR下関駅からバスで5分。ちょうど関門海峡に面した場所にあり、海峡の激しい潮流をトンネル状の大水槽で再現、大迫力の展示が人気の水族館。この水族館の特徴は何と言っても約100種類のフグの展示。フグで有名な下関ならでは。同じ敷地にフードコートがあり、フグ料理が食べられるのも魅力。

［チューブワーム］

鹿児島中央駅からバスで10分の、「いおワールドかごしま水族館」は桜島が間近に見える錦江湾に面した場所にある。イルカが屋外の水路にいたのには驚いた。この水族館の特徴は鹿児島の海に生活する生物たちを展示していること。なかでもジンベエザメの飼育には独自の取り組みをしている。子どものジンベエザメが網にかかることがあるが、それを水族館内で育てて、水族館の大水槽に入りきらなくなる前に海へ帰すこと。また、錦江湾の海底は噴出口から出る硫化水素のため特殊な生き物が生息している。サツマハオリムシといい、体内に硫化水素を使って生活する微生物をたくさん共生させている。サツマハオリムシはこの微生物から栄養をもらって生きているので自らの口も消化管もない。チューブのような殻の中に入って生活するのでチューブワームという。他の場所では深海にしか見られないが、錦江湾は浅い所でも硫化水素が豊富に得られるのでチューブワームが生活できる。

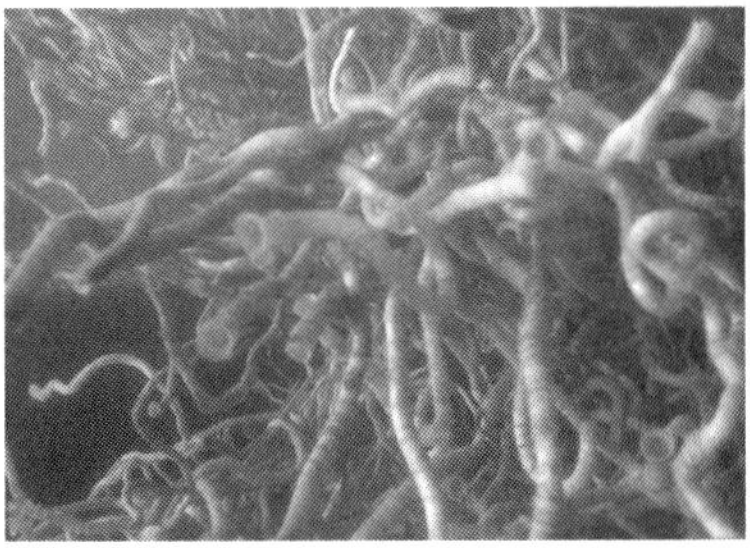

かごしま水族館のチューブワーム

［カエル］

静岡県沼津市にある「あわしまマリンパーク」は、ＪＲ沼津駅よりバスで約30分の所にある。駿河湾に浮かぶ無人島にできた施設で、短距離だが船で移動する。

ここには、日本のカエルから世界のカエルまで展示種数が約50種以上の日本最大級のカエル館がある。

鶴岡市立加茂水族館
〒９９７－１２０８　山形県鶴岡市今泉大久保６５７－１
https://kamo-kurage.jp

市立しものせき水族館 海響館
〒７５０－００３６　山口県下関市あるかぽーと６－１

いおワールドかごしま水族館
〒８９２－０８１４　鹿児島県鹿児島市本港新町３－１

あわしまマリンパーク
〒410－0221　静岡県沼津市内浦重寺136

8. おわりに

動物園と水族館に特化した、しかも珍しい動物、かわいい動物、華やかなイルカショーなど多くの方が動物園や水族館に求めるものにはほとんど興味がない、ひねくれものの旅について書かせていただいた。動物園や水族館を通して見てきたものは、動物たちに適した飼育環境や、スタッフの方々から来場者へのメッセージと伝える工夫、それに動物園や水族館を支える市民の思いだった。コロナ禍の3年間はほとんど出かけなかったが、この旅を再開して、またいろいろな出会いを楽しもうと思う。

人物記念館の旅

久恒啓一

2005年に故郷の大分県中津市にある福沢諭吉の旧居・記念館を訪ねた。福沢の遺した言葉で「独立自尊」や「天は人の上に人を造らず人の下に人を造らず」は有名だが、「今日も生涯の一日なり」は初めて知った。深く心に響き、座右の銘にしようと思った。館内を巡ると、名高い福沢諭吉でも実は知らないことが多く、非常に有意義な時間を過ごせた。2004年以来続けているブログのタイトルに、この福沢の言葉をもらうことにした。

偉大な先人の人生や功績、教えから学べることは多い。著名な人の知らない歴史や遺訓に触れるのは興味深いし、地域で活躍した全国的には無名な人でも残した足跡は大きくて驚くことが多い。

誰にも共通するのは、たゆまぬ修養や鍛錬、大きな構想力、膨大な仕事量など、それらは人間としての〝本物〟の条件だろう。

今の日本人には「志」が欠けている。かつてのITバブルのように、儲かれば手段は選ばないといった風潮が象徴的だ。そんな現状を打開しようと、大学で先人に学ぶ講義をしているが、学生からは「人生の目的を考えるきっかけになった」などと感動や共鳴の声が聞かれる。〝本物〟の生き様や言葉は、人の心を動かす力を持っている。

私の故郷の大分県にも広瀬淡窓、滝廉太郎、野上弥生子、朝倉文夫など、郷土が生んだ先人の記念館が各地にある。国東半島で宇宙の原理を探求した三浦梅園のように、地域に根ざしながら外の世界にも目を向けた姿勢は、海外を見据えた地域づくりを目指す現在にも通じるものがある。

人物記念館は、人生を充実させるヒントや知恵が詰まった地域の資源だ。

しかし、にぎわっている所は少ない。この旅は自分が住む地域の先人から訪ねることから始めるのもいい。子どもや若者の教育に生かせば、郷土愛もはぐくめる。定年を迎えた団塊世代は知的好奇心が強い。彼らにふさわしいのは人物記念館を巡る旅なのではないだろうか。

○なぜ人物記念館か

海外の旅は、学生時代に考えた方法があってこれにのっとってやってきた。

それは梅棹忠夫『文明の生態史観』を確認する旅だ。壁に世界の白地図を貼り、訪れた国はそれを塗りつぶしていくということを大学卒業以来やってきた。塗りつぶした国は、現在では40カ国になっている。

さて、日本国内の旅はどうしたらいいのか。観光地をめぐる「温泉とグルメの旅」、そんな類いのことをいつまでも続けていいのか。それでは何か物足りない。そこで人物記念館をめぐる旅をしていこうと考えるようになった。

本格的に始めたのは2005年の1月の福沢諭吉記念館。そこから私の人物記念の旅が始まった。

○数字で振り返る

2022年に1000館を達成した。これまでの旅をふり返ってみよう。

仙台時代：2004年9館。2005年70館。2006年60館。2007年76館。計215館。

東京時代：2008年46館。2009年53館。2010年76館。2011年64館。2012年61館。2013年75館。2014年60館。2015年60館。2016年43館。2017年64館。2018年40館。2019年60館。2020年18館。2021年41館。2022年47館。

平均して1年に64館を訪問している勘定になる。月に5・3館だから、毎週1館以上という計算だ。

○節目の記念館

１００館目は岩手県花巻市の宮沢賢治記念館だった。１００館を超えたあたりでは、日本に「百説」という言葉があるように、入門というか卒業というか、ある地点に立ったという感慨があった。

２００館目は大分県臼杵市の野上弥生子記念館。２００館を超えたときには、この旅は「聖人巡礼の旅」だと意識することになった。３００館目は静岡県真鶴の中川一政記念館。４００館目は東京都京橋の松浦武四郎の企画展。５００館目は森鴎外記念館。６００館目は京王線八幡山の大宅壮一文庫の再訪。２００７年に訪問したことがあるから７年ぶりだ。７００館目は、大岡信。８００館目は土屋文明。９００館目は勝海舟。１０００館目は「ドラえもん」の藤子・F・不二雄ミュージアム。

○ココロの革命

私のライフワークの一つは「図解」だから当然これはずっと続けなくてはならない。これは日本人の「アタマの革命」を目指す事業と位置づけている。

一方の人物記念館巡りは日本人の「ココロの革命」と位置づけし、いずれ心の問題が大事になってくるだろうという予感のもとに始めた。これが人物記念館の旅である。

○7つの共通項

18年間の旅で、1000館をめぐって、偉人たちの7つの共通項が見えてきた。以下、その説明と相当する具体的な人物をあげてみたい。

1：「仰ぎ見る師匠の存在」

多くの偉人に見られる第1の条件として、師匠や尊敬する人の存在を挙げることができる。最初から誰かに学ぶことなく、独立独歩で大きなことを成し遂げた人物はほとんどいないといってもよい。私たちは皆、誰かの影響を受けて育ち、誰かに影響を与えていく存在である。どんな人も、必ず誰かから何らかの影響を受けている。「仰ぎ見る師匠の存在」が、その後の人生を大きく左右するといっても過言ではない。

「仰ぎ見る師匠」は、直接教えを受けた人に限らず、前の時代の人物の場合もある。いわば人生のロールモデルともいってもよい。「仰ぎ見る師匠」を見つけることが大切だ。もし、世の中の有名な人物の中から探すのであれば、同時代の人たちよりも、評価が安定している故人の人物の方がよいかもしれない。

因みに該当する人物をあげてみる。渡辺崋山・高杉晋作・福沢諭吉・森鷗外・北里柴三郎・渋沢栄一・山本五十六・会津八一・横山大観・小泉信三・昭和天皇・白州正子・童門冬二……。

2：「敵との切磋、友との琢磨」

「仰ぎ見る師匠」は自分よりも上の世代であり、また歴史上の人物である場合もあるから、自分より少々遠い存在でもある。

しかし、日常的に接するのは、むしろ同世代の人たちだろう。その人はライバル（敵＝好敵手）であったり、あるいは友人だったりする。

大きなことを成し遂げた人物には、たいていはライバルや友人の存在がある。ライバルの存在はきわめて重要だ。たとえば、大相撲の栃若時代や柏鵬時代などのように、ライバルがいることで互いに競い合って強くなっていくからだ。

また、友人も大切だ。一人で孤独に一つの分野を極めることはなかなか難しい。しかし、同じ目標をめざす仲間がいれば、励まし合って頑張ることができるからである。

「切磋琢磨」という言葉がある。「切磋」する（＝切り合う）のは敵、「琢磨」する（＝磨き合う）のは友ではないかと考えてみたい。

このように、自分を磨き、成長させるためには、同世代のライバルや友人をもつことが重要だ。同じ職場内など、身近なところの方が見つけやすいかもしれないが、むしろ文科系の人は理科系の人といったように、異なる分野で見つけることができれば、より刺激を受けることができる。社内で見つからなければ、社外の勉強会などに参加して見つけるのもいい。

夏目漱石・正岡子規・高村光太郎・北大路魯山人・鈴木大拙・志賀直哉・武者小路実篤・白州次郎・草野心平・三木武夫・岡本太郎……。

3：「持続する志」

「志」の定義は、社会の不条理をただすことに、自らの能力と技術を最大限に発揮した職業（仕事）を通じて貢献することだ。社会の不条理とは、たとえば家が貧しいから学校に行けないなどといった、個人の責任ではないことが理由で、いわれのない差別を受けるというようなことと考えたらいい。

したがって、ただ単に自分がお金持ちになることは志とはいわない。お金を稼いで、それを資金にして多くの人たちの教養を深めるために美術館を造ることは、志であるといえる。

なぜ「持続する志」が必要かといえば、志は挫折しやすいからだ。志を遂げた人たちは、長期間にわたって志を持続させている。途中、何らかの事件に遭遇したり、周囲の反対にあったりするたびに、むしろ少しずつ志が堅固なものになっていっている。

それだけに、若いうちに進路を決めたほうが、先が長い分、志を遂げる可能性は高まるかもしれない。また、長生きしてその志を徐々に高めていけば、相当な成果を上げることができる。

若いうちから志をもち、長くやり続けることが成功への道といえるだろう。

原敬・森鷗外・牧野富太郎・羽仁もと子・徳富蘇峰・大河内伝次郎・村野四郎・市川房江・池波正太郎・大山康晴・藤沢周平・藤田恭平・扇畑忠雄・古橋広之進・宮城まり子……。

4：「怒濤の仕事量」

さまざまな偉人の生涯を見ると、ものすごい仕事量をこなしている人ばかりであることに気づくことになる。

量をこなすことによって、次第に力量が磨かれていき、後世に名を残すようなことを成し遂げる。

才能の有無にかかわらず、どんな仕事でも率先して取り組む人は成長する。仕事を選り好みして、少ない仕事量で大きな仕事をしようとするのは間違いで、大成したければ、どんな仕事でも引き受けてがむしゃらにやることが、能力を磨くことになる。これは真実だと思う。

同じ仕事を10回やった人と100回やった人とでは、実力に差が出るのは明らかだろう。どんな人も、量をこなすことなしに質を上げることはできない。加えて、誰もが嫌がる仕事も率先して引き受ければ、目をかけられるようになり、やがて良い仕事を与えられることにもつながっていく。

樋口一葉・原敬・渋沢栄一・与謝野晶子・太宰治・中山晋平・古賀政男・寺山修司・手塚治虫・古関裕而・松本清張・石ノ森章太郎・阿久悠……。

5：「修養・鍛錬・研鑽」

「修養が大事」、「鍛錬して磨け」、「研鑽を積め」などとよくいわれるが、いずれも自分を磨くことと考えたい。

自分の最大の教育者は誰か。それは自分自身なのだ。自分が向上するように、いろいろな心構えや仕掛けを自分自身でつくらなければならない。

日本には昔から、人格を磨かなければ仕事はできない、という考え方がある。たとえば、日本画の大家として知られる横山大観（1868〜1958年）は、「世界的な人格ができて、初めて世界的な絵が描ける」と述べている。

日本には、このようなことを述べている人が数多くいる。実際、近代・現代の偉人の多くが、「修養・鍛錬・研鑽」を積んで自分を極めようとしているのだ。

人は最後に何になるかというと、自分自身になる。本当の自分自身に育てていくのは自分しかできない、ということだろう。

人格を磨くことは、日本的なリーダーシップの源泉ではないか。自分自身の人格を磨き続けることで物事が成し遂げられ、その姿を後輩が見て、影響を受けていくというサイクルが回っていく。

渡辺崋山・二宮尊徳・島津源蔵・福沢諭吉・佐野常民・野口英世・新渡戸稲造・本多静六・阿部次郎・朝倉文夫・小泉信三・双葉山・サトウハチロー・安岡正篤・澤田政広・大山康晴……。

6：「飛翔する構想力」

何か新しいことを実現するには構想力が必要だ。では、構想力とは何か。まず、志した事業を実現するには発想や着想が必要であり、それを具体化するための計画も必要となる。

しかし、発想や着想が豊かな人は計画性に乏しく、一方、計画できる人は発想が乏しいということが往々にしてある。この間をつなぐ能力が構想力だ。発想と計画を結びつける構想力のある人がいなければ、大きな事業は実現できないのだ。

また、構想力は「つなぐ力」でもある。さまざまな要素をつないで一つの体系をつくっていく。そうした大きな絵を描ける力が、構想をするためには必要となる。

そのためには、一つの領域に留まるのではなく広い視野をもち、別の領域へと飛翔することが求められる。どの分野においても構想力のある人は、他の分野の知恵を取り入れたり他の分野と結びつけたりしている。

それを「飛翔する構想力」と呼びたい。時間軸と地理軸で現状を把握し、自分の立っている位置を確認しながら、今やるべきことについて、もてる資源を最大限に活用できる組み合わせを考えながら、最適な戦略を立てていく。そして、その目的に向かって人を束ねていく力、それが「飛翔する構想力」だ。

水戸光圀・高田屋嘉兵衛・福沢諭吉・野口英世・後藤新平・嘉納治五郎・横山大観・棟方志功・手塚治虫・松下幸之助・石ノ森章太郎・宮脇俊三・辻村寿三郎・宮崎駿……。

7：「日本への回帰」

明治期以降に活躍した人たちは、率先して欧米の先進的な思想や技術を取り入れていった。いわば、基本的に皆〝西洋かぶれ〟だった。

しかし、欧米のやり方をどんどん取り入れていくうちに、やがて「日本とは何か、日本人とは何者か」というアイデンティティの問題にぶつかり、改めて日本を見つめ直す「日本への回帰」が起こってくる。

同じ現象は平安時代にもあった。平安時代前期までは、中国の文化をそのまま取り入れることが盛んに行なわれてきた。ところが、中国の物真似ばかりになったところで、やはり「日本とは何か」というアイデンティティの問題にぶつかり、それを克服するために、日本文化の復古運動が起こった。江戸時代は、中国の影響力から脱した時代である。そして欧米の大きな影響を受けた明治時代でも、中期以降は反省も起こっている。

現在でも、グローバルに仕事をしていると、現地の人たちから、「日本はどのようにして、今日のような発展や繁栄を実現することができたのか」など、日本のことを頻繁に尋ねられる。自分のアイデンティティを常に確認させられる。グローバル時代では、語学ができるだけでなく、自分の国の歴史や文化が説明できて、初めて尊敬を得られることになる。だから、こういった時代の要請は「真の日本人」になること、ともいえる。

「日本への回帰」は、また、「自分への回帰」でもある。「結局、人間は何になるのか」という議論があるのだが、最後は、あるべき自分自身の姿になると考えたい。

「日本への回帰」とは、言い換えれば、自分の足元を固めよ、ということでもある。自分は今、どこに立っているのか。歴史と地理の交点に立ち、そこでどのような仕事をしているのかが重要になる。

日本の歴史や日本を取り巻く世界を俯瞰し、その中で自分の仕事を位置づけることが重要ということだ。

小野道風・岡倉天心・夏目漱石・南方熊楠・柳宗悦・柳田国男・村野四郎・棟方志功・古賀政男・司馬遼太郎・池田満寿夫・東山魁夷……。

○偉い人とは「影響力」の大きな人

「人物記念館の旅」の旅の中で得た結論は、「人の偉さは人に与える影響力の総量で決まる」ということである。広く影響を与える人は偉い人だ。そして広く深く影響を与える人は、もっと偉い人だ。さらに広く深く、そして長く影響を与える人はもっと偉い人である。そして最も偉い人は死んだ後も長く影響を与え続ける人である。

その観点から近代でもっとも偉い人は誰か。それは福沢諭吉と渋沢栄一である。1万円札が、思想の福沢から経済の渋沢へとバトンタッチされるそうだ。日本近代の2人の巨人が再びクローズアップされるのはいいことなのだ。

遅咲きの人には長く仕事をしている人が多い。世に出るまでの修行の期間が長く、その間にじっくりと自身の力で成熟しているから、遅咲きの人は長持ちしている。したがって影響力の総量において実は早咲きの人に比べると圧倒的に勝っているということになる。そして、今日に至るまで彼が生きた時代を超えてその影響が及ぶということになると、その総量はとてつもなく大きくなり、偉人になっていく。

「少にして学べば則ち壮にして為すことあり。壮にして学べば則ち老いて衰えず。老いて学べば則ち死して朽ちず」。江戸時代の儒学者・佐藤一斎の味わい深い言葉である。生涯学習の時代にふさわしい言葉だ。近代・現代の日本の偉人に共通するのは、「死して朽ちず」、つまり素晴らしい業績をあげた人物の醸した香りが後の世の人にも影響を与え続けているということである。長寿社会は遅咲きの時代である。徳富蘇峰は「世に千載の世なく、人に百年の寿命なし」と言ったが、私たちは人生１００年時代を迎えようとしている。これからの時代では、70代、80代、90代という人生後半の人々の中からさまざまの分野でスターが生まれてくるだろう。そういった時代を生きる上で、遅咲きの偉人達の生き方、仕事ぶりは大いに参考になると思う。「少子高齢社会」には問題山積みという論調が多いが、高齢者こそ長い時間をかけて何事かを為すことができるし、その姿が、少なくなる若者への無言の教育にもなる、そういう時代になっていくだろう。

「なんにもしらないことはいいことだ。自分の足で歩き、自分の目で見て、そのけいけんから考えを発展させることができるからだ。知識は、あるきながらえられる。あるきながら本をよみ、よみながらかんがえ、かんがえながら、あるく。これは、いちばんよい勉強のほうだと、わたしはかんがえている」。この梅棹忠夫先生の言葉には、大いなる自由を感じる。あらゆる文献を読み、世界を探検して歩いた、この碩学の学びの極意がここにある。人物記念館の旅も、なんにも知らずに出かけて行って、そこで事績を知り、その場で人となりを知って、帰路の途中や自宅に戻った後で集めた資料を読み込む。目的意識が高まっているから、砂にしみこむように知識が入ってくる。なんにもしらないことはいいことだ、この励ましを念頭に、自由に旅に出ることにしよう。

○なぜ人物記念館の旅が続いたか

人物記念館の旅がなぜ続いたかというと、ブログという表現手段が出てきたことが大きい。当時、仙台にいたわたしは楽天球団が仙台に来るというので、何か楽天に関係したことから始めようと思った。ちょうどブログが始まったのがその時期だ。「よし、ブログをやろう」ということで2004年9月24日から始めてみた。最初は2、3行で日誌を書いた。1カ月続いた。もっと続けてみようということで、その後ブログは一日も休みなく書き続けることになった。

たとえば記念館に行っても翌日にはすぐ書く。その場でメモを取って、帰りにそこで手に入れた資料や入手した本などを読み込みながら、翌朝それを書くというリズムになる。本の読み方なども変わってきて、ブログに書くためにエキスをとろうと読んでいくという読書のスタイルになってきた。

○現地に行かなければわからないことがある

いくつか紹介しよう。山中湖にある三島由紀夫の記念館や、河口湖にあるブリキのおもちゃで有名な北原照久の記念館。小池邦夫、この人は絵手紙を普及した人。絵手紙人口は今150万人、徒手空拳から始めてそれだけ多くの人を巻き込んだ人だ。岡田紅陽、この写真家は40年、50年にわたって富士山だけ撮り続けた。今の千円札の裏にある富士山はこの人が本栖湖から撮った写真だ。川端康成は、古今の歴史の中で富士山が一番素晴らしい対象だ。富士山に向き合った絵描きがいた、歌読みがいた。しかし、生涯を掛けて富士山だけに立ち向かった人は岡田紅葉しかいないと賛辞を述べている。

グアム島で28年間の穴倉生活を送った横井庄一の記念館が名古屋にある。奥さんが無料で自宅を開放してやっていた。奥さんの話を聞いて感動した。あまりにもすばらしかったので1万円を置いてきたが、まちがってうけとったとしてお礼の手紙をいただいた。この奥さんは私の母と同い年だった。

新しくできた森鴎外記念館もいい。亀井文蔵は仙台の有力な会社の経営者で、子どものときからずっと蝶を追いかけて、蝶の博物館を作っている。徳富蘆花の記念館の一つは伊香保温泉にある。水泳の古橋広之進は浜松。阿久悠の記念館はお茶の水の明治大学のビルの地下にある。

粉川弘はゲーテの記念館をつくろうと一生をかけた人。新島襄の生家は安中にある。徳島ではもう一人のラフカディオ・ハーンといわれるモラエスの記念館。こうしたところをずっと訪ねてきている。

わざわざ行く場合もあるが、仕事の機会を利用したり、家族と一緒の旅行で行くこともある。九州に帰ったときはおふくろを連れて回った。横綱柏戸記念館が藤沢周平記念館と同じ鶴岡にあった。「巨人、大鵬、卵焼き」というが、「阪神、柏戸、目玉焼き」という言葉が掲げてあった。そういうことなどは現地に行かないとわからない。

団塊の世代や後続世代の人達はグルメとか温泉などで満足していないで、もっと知的な旅をしようと提案したい。それには「人物記念館の旅」はふさわしい。

○「偉人伝」の復活を

全国の記念館を回って残念に思ったことは、どこも結構ガラガラなことだ。今の日本の問題は何かというと、生き方のモデルがない。尊敬すべきモデルがいない。今の時代の人はボロが出るから、近代の偉人を参考にするといい。二宮尊徳などもそうだが、どの地域にも偉い人がいる。子どもたちに地域の偉い人を尊敬させることが大事だと思う。偉人伝の復活で、日本の精神をたたきなおすことが日本の課題だ。

それは地域おこしでもある。人という地域の資源を用いた地域おこしだ。どんな人がいたか。たとえば行政改革でいうと、宮城県には、わらじ村長として有名な鎌田三之助という人がいた。この人は町長になったとたんに町長室を上がりかまちのそばにつくった。そういうモデルがあるので、アメリカやヨーロッパのまねをする必要はない。自分たちの先祖にそういう人がたくさんいる。そういう人達をもっと掘り起こさねばならない。

私は大学教員だったので、学生に対しては、「立志人物伝」という名前の講義をしていた。学生のアンケートをホームページに公表しているが、大きな影響を与えているという実感がある。新しいことに挑戦してみた。ユーチューブをつかっていろんな偉人の映像を見せた。水木しげるの映像。正岡子規のときは「坂の上の雲」の映像。これで秋山真之も出てくる。阿久悠をやると秋元康が出てくる映像がある。秋元康という作詞家が尊敬するのは阿久悠だ。AKB48が出てくるので授業が面白くなる。司馬遼太郎の姿、岡本太郎の肉声、寺山修司を取り上げるとタモリが寺山修司のズーズー弁のまねをする映像がある。教材としてこの新しいメディアを使うことで、反応が抜群によくなる。映像と画像と組み合わせると学生は興味をもつ。私が紹介した人以外でもいいから、自分のモデルを見つけなさいというと、それぞれがモデルを見つけている。宮崎駿にするとか、森鴎外にする。サッカー選手にする。そうしてからその人達の人生を図解してもらう。それに文章を書いてもらってレポートにして出してもらう。私の手元には、毎年100人から200人の偉人の図がどんどん集まっている。

○「人間学」へ

近代、現代の偉人を顕彰する人物記念館が多いのだが、この旅は、日本と日本人の再発見の旅であり、「日本人の精神」「日本人のココロ」を訪ねる旅である。「聖人巡礼」をしている感覚だ。この旅の中で「日本には偉い人が多い」という誇りをもつとともに、「人は必ず死ぬ」という事実を知り、人生は有限であることが実感としてわかった。

亀倉雄策。文化功労者に選ばれた時期に書いた著書『直言飛行』では、「中だるみ」の第一波は40代の後半にやってくるという専門の医者の説を紹介している。問題の第二波は50代半ば頃にくるという。この説に当てはめると、40代後半で私は大学への転身で中だるみの第一波を乗り切ったということになる。また50代半ばから新しいテーマである「人物記念館の旅」に熱中していったのも説明できそうだ。70代半ばの亀倉雄策のこの説には納得感がある。

渡部昇一は、文科系は蓄積であり、高齢者に適しているのは、修養、人間学がいいと言う。

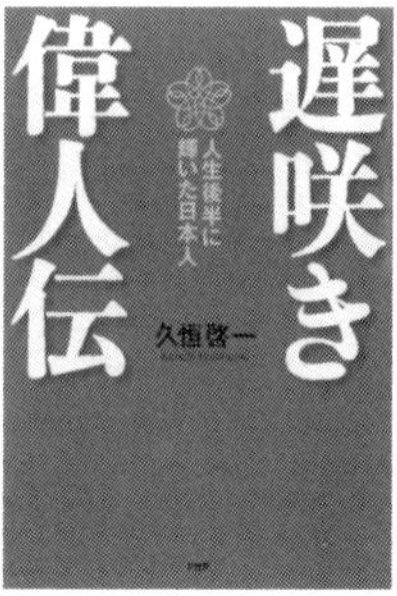

『遅咲き偉人伝』（PHP）

私の人物記念館の旅も、その線上にあると思う。私は２００５年から「人物記念館の旅」を始めた。２０１０年には『遅咲き偉人伝』（ＰＨＰ）を出版して形になった。強いていえばこの5年間が「中年の危機」を克服する月日だったのかもしれない。

ライフワークである「図解コミュニケーション」という武器で時代に立ち向かってきたが、自分にとってはわかりきったことだったのでややマンネリ感はあったのかも知れない。人物記念館の旅からは、日本近代の偉人たちの息吹とオーラを浴び、もう一つのライフワークを手にした感がある。「図解」から、「図解と人物」に脱皮しながら展開していったともいえる。今の私は「図解学」とともに「人間学」を手にしたようだ。これからもこの路線を歩いていきたい。

※２０２３年12月現在、人物記念館の旅は１０６３館。

我が家はいかにして
成田離婚を回避できたか

力丸萠樹

【出発：成田空港】

「え、パスポートがない？」

新婚旅行初日、成田空港の搭乗ゲート前。

チケットを係員に渡し、パスポートチェックをする際のことだった。

「ない。ないの、パスポート」

わが新妻は小ぶりのポシェット内を改めながら、今にも泣きそうな表情を浮かべている。

出国審査前、確かに彼女の手はパスポートを握っていた、はずだった。


1998年9月15日。

その当時、早秋の海外旅行客は多かったのだろう、出発予定時間までギリギリらしい。離陸間近の便の搭乗客に向かい、旅行会社の社員が優先的に出国審査を通すアナウンスをしていた。

われわれ夫婦はその指示に従い、長蛇の列をつくる旅行者たちを尻目に出国審査口へ向かった。出発予定時間まで20分を切っていた。

諸々の手続きを終えて搭乗ゲートにたどり着いたときには出発までもう10分もなかった。

「わかった、さがしてくる！」

新妻へそう言い放ち、通ってきた道を全速力で逆走する。

われわれが乗る予定のヴァージン航空の搭乗ゲートは、南ウィングで出国審査口から最も遠い位置にあった。

走る、走る。

30代前半で、まだまだ体力に自信はあったものの持久力はなくなっているのを痛感する。すぐ息も上がり始めた。だがここで諦めてはせっかくの「新婚旅行」も台無しとなる。

出国審査カウンターまで一気に駆け戻り、係員へ手短に事情を話すと、そういうことはよくあるのか、われわれの通った出国審査口付近へ通してくれた。


幸運にも赤表紙のパスポートはカウンターの端に落ちていた。


なぜそんなところに落ちたのか。

考える間もなく表紙をめくり、確かに2日前、結婚式をともに挙げたばかりの彼女のものであることを確認した。

またもや全力疾走で搭乗口へ戻る。

腕時計を確認すると何と出発予定時間2分前。

アテンダントの誘導に従って指定の座席に着いたとたん、全身からどっと汗が流れ出し、呼吸困難のように息も荒くぜいぜいと、妻のねぎらいにも返答さえ発せない状態となった。

「ありがとう」

隣席で満面の笑みを浮かべる可愛い新妻を見返しながら、息切れで言葉は出せずとも、心中では、なんとか離陸に間にあったという達成感に満たされていた。

――ポーン

「只今の時間、本機は離陸予定でしたが、まだ搭乗していないお客様のため、30分ほど離陸時間を遅らせます」

無情なアナウンスが機内に響きわたった。

【成田離婚とは何か】

厚生労働省の〈平成21年度「離婚に関する統計」〉によれば、喜ばしくも1980年代中頃をピークに下がっていく一方だった日本の離婚率は、なぜか1990年を迎えてから逆に年々増加していった。

その中で1997年に同名のテレビドラマをきっかけに「成田離婚」は、今で言うところの「スピード離婚」の代表的ジャンルとして確立していったようだ。

新婚カップルが海外ハネムーンを実施し、帰国した成田空港へ到着の後すぐ離婚してしまうスピード感はわかりやすく、また主に「堪え性のない若者たち」というレッテルも貼りやすかったのだろう。ともかく「成田離婚」という言葉は一般的な慣用句的扱いとなり、巷へ急激に認知されていった。

ちなみにWikipedia日本語版の当該項目にはこう書かれている。

〈新婚カップルが新婚旅行直後の成田空港への到着の後に離婚してしまうことをいう。理由は些細なトラブルからのお互いの関係の悪化、もしくは結婚相手としての適性の再検討など。

バブル景気当時は未婚女性が海外旅行を楽しむ機会が多くなった。一方、男性には海外渡航経験が少ない傾向があった。日本では立派に見えた夫が、慣れない海外でトラブルの際などに適切な行動ができなかったことなどが原因で口論に。結果、離婚に至ったというケースが多いとも説明された。〉

（Wikipedia 日本語版『成田離婚』より抜粋して引用）

また、続けてその背景にはこんな事も書かれている。

〈新婚旅行中の男女のすれ違いが主な理由とされる。女性側は「新婚旅行に夢を膨らまし準備周到、しかしながら現地での行動などにおいて、最終的に男性に多くを期待、依存しがち」。男性側は「十分な準備ができない上、女性からの一方的な期待、依存に応えることができない」。上記のように自分の事を棚に上げ、相手側に責任を負わせる一面も見られる。〉

（同 Wikipedia 日本語版『成田離婚』より抜粋して引用）

何のことはなく、結婚したカップルが異国の地という、他に頼るものの乏しい、限定的なシチュエーションで二人きりになったとき、はじめてお互いの価値観の違いに気づき結果的に離婚を選ぶ、ということなのだ。

さて、このWikipediaの項目には旅行後の離婚の代表的なトラブル5つも書かれている。それぞれを挙げると、

- ●旅客機の乗り遅れによる口論
- ●荷物の紛失による口論
- ●旅行先におけるトラブルをきっかけとした口論
- ●旅行先の飲酒で酒癖の悪さがわかったことによるもの
- ●2人きりになるため、相手の本性が露わになることによるもの

（同Wikipedia日本語版『成田離婚』より抜粋して引用）

この記事に照らせば、まさに、自分と妻の新婚旅行は第一の関門をなんとかクリアできたということになるだろう。知らぬとはいえ、間一髪のところで危機を脱出していたのだ。

【到着：オーストリア】

30分も離陸時間が遅れたことで最も辛かったのは、あれだけ急いだにもかかわらず、急ぐ必要はまったくなかった、という徒労感ではなく、全速力の「空港ランニング」の疲労感でもない。

搭乗後、滝のように汗を流し、しばらく息も絶え絶えだったにもかかわらず、一切「水分補給ができない」ということだった。

搭乗前にペットボトルの水を買う時間的余裕はなかったし、おまけに離陸してもいない機内の状況ではＣＡに水を頼むこともできず、ひたすら忍耐を強いられたのだ。


さて、トラブル混じりに始まったわれわれの新婚旅行はヨーロッパ巡り約２週間の予定である。

結婚式前日までに死にものぐるいで仕事を片付け、関係各所へ連絡を入れ、不在中の仕事の細かな指示を仲間に申し送り、やっとのことでその日数を確保したわけである。


１９９８年当時は携帯電話が高額ではあるけれどもやや一般的になりはじめの時期。

ＩＳＤＮが最先端だった時代、当然スマートフォンはなく、海外とのメールのやり取りには手間もコストもかかり、海外へ出ると大企業の一流社員でもない限り、ほぼ電話連絡はとれない（とりにくい）と考えられていた。おまけにその頃、自分の使っていたのは今は亡きＰＨＳだったから、海外では使えない。

2週間もの期間、仕事や煩わしい連絡から離れられるのは、直前まで月の平均睡眠時間が2〜3時間だった身には望外の休暇を兼ねてもいたのだ。

最初の到着地は、オーストリアのウィーン。続けてハンガリーのブダペスト、フランスのパリ、イギリスのロンドンと計4カ国4都市を回る予定のツアーを妻がアテンドしてくれた。

実は妻の希望としてはせっかく欧州へ行くのなら、イタリアやスペインなど、もっとメジャーな国にも行きたかったらしいのだが（その気持ちは十分わかる）、なぜこの4カ国なのかには理由もあった。

当時、開学したばかりの宮城大学社会人学生1期生だった自分は、今はサンデーモーニングなどのテレビ番組の解説者としても知られる、三井物産戦略研究所の寺島実郎客員教授と知己を得、新婚旅行について話していたところ、「力丸君、せっかく行くのだったらハワイやらグアムやらよりも、ヨーロッパがおもしろいよ。ユーロ導入前の欧州、特に東欧の様子などを見ておくといいんじゃないかな」のようにお薦めをいただき、せっかくなので、そのアドバイス通りにしようと考えたのだった。

しかし、よく調べてみるとイタリアやスペインで日本人女性への暴行事件があったりと治安に不安を感じたり、そもそもその2国を加えると日程的にかなりハードになってしまうので、ふたりとも泣く泣くイタリアとスペイン行きは諦めたという次第。

結果として東欧含めたツアーを企画することになったというわけだ。

自分としてもヨーロッパへ行くのなら、スペインはともかく、イタリアは外せないと考えていたので残念だった。さらばピッツア、さらばパスタ、ジェラートよ！

ウィーンに到着し、ホテルへチェックインしたあと、われら夫婦はさっそく市街を散策することにした。まずはウィーン国立歌劇場、通称オペラ座だ。

その威容に圧倒されつつ、オペラ座前広場を行き交う人々を眺めたり、周辺の売店を散策したりしているうち、空腹感を覚えた。

初秋とはいえ現地はかなり寒かった。

日本であれば、そのあたりにあるカフェにでも入ろう、となるものの不慣れな地ではそうもいかない。と、道端に見慣れないキッチンカーを発見した。寄ってみると、三方ガラス張りで中の様子も見える。看板にはホットドッグ、と書いてあったような気がする。

とにかく寒いのと、漂ってくる匂いに耐えきれず、夫婦分2つを頼むことにした。

ガラス越しに中を伺うと、40センチはあろうかというフランスパンのような何かが積まれており、売り子がそれを縦にして太いアルミ、もしくはステンレスのような材質の金属棒へ刺した。しばらくすると彼はそのパンを抜く。棒に貫かれてできた竹輪のような穴から湯気の立っているところを見ると、金属棒はどうやら専用の加熱器らしい。

売り子の男性は穴の中へ調味料なのか、マスタード状のソースを入れ、続いてこれまた長いフランクフルトを穴に納め手早く包装紙にくるむと、こちらへ手渡してきた。

「ダンケ……」

ドイツ語での挨拶は機内で多少勉強したためか、スムーズに言うことができた。

ホットドッグというには日本で慣れ親しんだ形状とは異なる。いわばホットドッグのウィーン風というところだろうか。

寒い屋外で熱々の食物を摂る幸福感は日本でも海外でも変わらない。

ふうふう吐息を吹きかけながらフランクフルトソーセージの収まったパンにかじりついた。

「おいしい……」

妻も笑顔で食べ始める。

大きく口を開けて、次の一口にかぶりついたとき、

――ぶじゅり。

空になる寸前のマヨネーズ容器を握りしめたときのような音。

続けてシャツの胸元は生暖かくなった。勢いよくかじりついたため、中に収められたソースがパンの隙間から漏れ出て、自分のシャツにかかったのだった。黄色いソースの痕はべったりシャツに残った。噴出したソースで手がベタつくのにはさらに閉口した。

寒さに凍える前にウィーン市内のショッピングモールへ赴く。

モールの入り口で突然外れたメガネの左側蔓の修理をした。蔓を止める小さなネジがいつの間にか取れていたらしい。幸いモール内の時計店では、こちらがドイツ語は話せずとも、身振りと現品を見せると、すぐ修理対応してもらえた。

修理部分を確認すると日本で一般的な＋のネジではなく－であったことに驚きつつ、そんな細かなところにも彼我の文化的差異を感じて、少々愉快な気分となった。

続いてショーウィンドウでみかけた外套を衝動買いする。メーカー品だが日本では取り扱っていない珍しいタイプのコート。初日から、かさばる衣類を増やすことの愚かさを知るのはまだまだ先のことだ。

夕食は小ぢんまりとした居酒屋でとる。滞在したホテルでもらったガイドを片手に、ホテル周辺を妻と散策している最中に見つけたのだ。地元民ばかりなのか、周囲からの視線を感じつつ、メニューにヴィーナー・シュニッツェル（ウィーン風カツレツ）のあることを知ったので、さっそく注文してみた。

ウィーン風カツレツは牛肉を叩いて薄く伸ばしてから揚げることが特徴で、いつか食べてみたいという願いも叶った。大皿いっぱいに薄く伸ばされたカツレツは、見た目の大きさに比して薄く食べやすい。塩味もついていて、そのままバリバリ食べられる。味にも量にも満足した初日の夜だった。

◆

そんなわけで、開けて翌朝。

昨晩の満足感を再度味わおうと、ホテルの朝食には妻ともども、大変に期待していた。なにせハムやソーセージは欧州が本場である。本場の、それもホテルで出されるレベルのものを直接味わえる機会は今後そうそうないだろう。

フルサーブではなくブッフェスタイルの朝食であるのも気に入った。自分でいくらでも食材を組み合わせ取ってよいわけで、気兼ねなく好きなものを好きなだけ味わえるからだ。

とはいえ、そこは日本人としての矜持もあるから、何種類もあるハム、ソーセージを各種類ひとつずつ、控えめに盛ってテーブルへ座る。さて実食。


「………しょっぱい？」

「しょっぱい！」


われわれ夫婦は顔を見合わせ、口々に感想を述べた。

——何だこれは。塩辛すぎて……いや、塩の味しかしない。

眼の前の皿に盛られているハムやソーセージは普段、日本の食卓ではほとんど見たこともない種類のものだ。強いて言うならば、大企業の主催する豪奢なパーティーなどで出されるオードブルのクラッカーに載っている、ような見た目だったりする。

プレーンなハムに香草らしきものを詰めてスライスしたらしきそれら。大きく太い白ソーセージや黒胡椒を使ったらしき黒々しいフランクフルト……それなのに、どれを食べても塩味が強すぎて、味わいも風味もあったものではない。

妻は特に薄味志向の強い女性なので、とてもではないが食べられない、と文字通りさじを投げ出している。

ハムやソーセージは基本的に保存食だ。要するにもとは〈塩漬け肉〉である。塩辛いのは当然であり、日本のように、いろいろと工夫しているわけでもないのだろう。

……と考えることにした。

逆にパンだけはさすが欧州、どれを食べても美味い。パン好きの彼女にとってはむしろ、そちらへの関心のほうが高かったらしく、ハムの塩分に四苦八苦する夫を尻目に、ニコニコしながらそれらを頬張っていた。

そんなわけで幾重にも衝撃的だった朝食（ブランチ？）のあと、午後は気を取り直し、日本にいるときから「ここは必ず行こう！」とふたりで決めていた〈ザッハトルテ〉の現地見聞へ向かった。

ザッハトルテは割に日本でもポピュラーで、最近はあまり見かけないものの、ティラミスの大流行まではどこの洋菓子店や喫茶店にも置いてあったケーキだ。

チョコレートを混ぜたスポンジケーキの外側をチョコレートでコーティングしてあり、そのスポンジにアプリコットジャムなどを塗って少々酸味をアクセントとしているのが特徴とされている。

ウィーン発祥というこのケーキを是非本場で味わいたい、というのがわれら夫婦の一致した考えでもあった。


そもそもザッハトルテは1832年、オーストリア帝国およびプロイセン王国の政治家、クレメンス・フォン・メッテルニヒに仕えた料理人フランツ・ザッハーが考案したとされている。クレメンスが会食時に提供したザッハトルテは貴族たちの間で評判を呼び、ザッハーはその功績により成功、ザッハトルテはその後、自身の次男の開業したホテル・ザッハーのレストランやカフェで提供され続けたという。

フランツから三代経ち、ホテル・ザッハーが経営難を迎えた頃、門外不出のレシピと販売権を引き換えに王室御用達のケーキ店デメルから資金調達を受けて以降、デメルはホワイトチョコレートでザッハトルテの表面になぜか「元祖ザッハトルテ」と書きはじめたらしい。
結局ホテル・ザッハーはデメルを訴え裁判となるも、結果、ザッハーのものは「オリジナル・ザッハトルテ」、デメルのものは「デメルのザッハトルテ」となることに落ち着いた。いわば「元祖」と「本家」みたいなものである。

われわれが目指したのは「元祖」であるホテル・ザッハーの一品。味わうならば発祥の地だろうとホテル・ザッハーのカフェへとふたり連れ立ち、赴いたのだった。

ホテル内に入ると入り口横にはクロークらしきものもあり、長大なハンガーに来客のものと思しきコート類もかけられている。
それを横目にカフェへ入ろうとすると、激しい口調でクローク内のおばさん（おばあさん？）から声をかけられる。とりあえずコートは預けないと中には入れないらしい。あとでわかったのは、それはサービスではなく有料だった、ということ。あのおばさんの収入にでもなるのだろうか。

しぶしぶコートを預け、カフェ内に入ると何となく居心地が悪い。頼んだザッハトルテとコーヒーのセットの来る間、違和感の正体を探ろうと店内を見回してみると、自分（30代前半）、妻（20代後半）のような客はただの一人もいない。老人ホームの食堂に紛れ込んだような、そんな錯覚を覚えるほどだ。

ザッハトルテが来た。

楽しみにしつつ、一口食べてみると……。

——酸っぱい！

アプリコットジャムを使っているのだから酸っぱい味はして当然。けれどもそのレベルは日本国内で味わったことのないもの。なにせ、チョコレートやスポンジケーキの甘味さえ感じられないのだ。酸っぱい「すもも」をかじっているような、そんな酸っぱさしか口に残らない。後日、妻はその味を振り返り「史上五本の指に数えられるほどまずいスイーツ」と称するほどであった。

他方、自分は無言でトルテを口に運びながら日本の有名観光地の、とある情景を思い浮かべていた。

景勝地に建てられた休憩所。観光客のおばちゃん、おばあちゃんがひしめいていて、団子やら餅類のような茶菓子を前にお茶を嗜んでいる光景。名産、と銘打たれているから彼女らはなんの疑問もためらいもなく注文し、美味いまずいにかかわらず、そこはただひたすらに混雑している。……そんなイメージ。

つまり今、カフェにいる高齢者にとっては、世界的観光地の歴史的名産品であるホテル・ザッハーのザッハトルテを食べた、という事実だけが重要なのではないか、ということである。

そう考えるとティーンエイジャーや若者、自分たちのような年代の客がただの一組もいないことに合点も行く。

ホテル・ザッハーのカフェは一種の〝峠茶屋〟なのかもしれない。

【到着：ハンガリー】

ウィーンからチロリアン航空でハンガリーへ飛ぶ。

片側2席の機内で通路側に座っていると、背後からいきなり「ショルダーッ！」と大声がした。

驚いて振り返ると、昼食配膳用カートがゴオォッと音を立て自分の体を掠めて通り過ぎていった。

ブダペストのフェリヘジ（現リスト・フェレンツ）国際空港までは小ぶりの航空機で1時間ほどのフライト。

航空会社の決まりらしいが、国際線ではどんなに短くても一度は必ず食事を饗しなければならない、というルールもあって、水平飛行になった途端ものすごい勢いで昼食が配膳される。客の肩口にカートが当たろうが当たるまいかなどにかまってはいられないけれど、一応は注意した、ということなのだろう。

直訳だと「肩ぁあ！」と客を怒鳴りつけているわけだから、サービスの良いＪＡＬやＡＮＡではまず考えられない。


ブダペストの空港へ降り立つと、ここは本当に国際空港なのか、と感じた。なんとなく薄暗く、あまり活気が見られない様子に見えた。少なくとも成田やウィーンのようではなかったのだ。

予約しているホテルのある市内まではガイドブックによるとタクシーで行くのがよいらしい。

ところが、空港前にはタクシーらしき車は一台もない。そもそも、国際空港というにはあまりにも狭いロータリーには、黒塗りのベンツやBMWなどのセダンの集合している一帯と、その周囲に何となくマフィア然とした男たちがいるばかり。

呆然と立ち尽くしているわれら夫婦に気づいた中の一人に「タクシー?」と声をかけられた。妻と目配せをしあい、どうしたものかと考えつつなんとなく頷くと、OKとでも言うように、その男は社内から「TAXY」と書かれたシールを出して車体にぺたりと貼り、こちらへ車を回してきた。マグネット式のシールのようだった。

不安に思いつつ、いざとなったらいつでも反撃できるように、武器を兼ねた撮影用の一脚を握りしめ、後席に乗りこむ。そんな心配をよそに、黒塗りベンツの「簡易」タクシーは目的地へと向かい始めた。

車は黒々とした木々の生い茂る山道のような道路をどんどん走り続ける。空港から都市へ向かう道にしてはいやに寂しい場所のように感じ、これはやられたかな、と考え一脚を握る手に力を込めていた。しかし、森林地帯を抜けると一転、窓の外は町並みの風景となった。

やがて、車はホテルへ無事に着く。寒々しい空港、東欧の暗い雰囲気に、多少の偏見らしきものを感じていたとわかり、この国を低く見積もっていたことを心密かに恥じ入った。

チェックインは夕方だったので、ホテル周辺を妻とふたり、軽く散策してみた。やはりウィーンとは異なり、どこか寂しげな雰囲気が街全体から漂っているように思える。

ガイドブックで店の多く記載されている方向へ向かうと、何となく浅草の商店街を思わせる風情の商店街だった。

――ガシャン。

われわれの通ったすぐ背後で立ち並ぶ店のシャッターが次々に閉まっていく。

「え、まだ6時前だよ?」

思わずそう言うと、妻もまた「早いね」と、呆れたように声を出す。

夕暮れから急にあたりも暗くなってきたように思い、慌ててホテルへ戻ることにした。

その日の夕食はホテルのルームサービスを利用した。窓から見える市内はすっかり暗くなっていて、夜になっても煌々と明かりの絶えないウィーンよりも外出に危険を感じたためだった。

自分は物珍しさから、ホテルのマッサージサービスを利用することに。東欧のマッサージを体験してみたかったのだ。

たどたどしい英語も何とか通じたようで、フロントから時間を告げられ、その時間少し前にホテル内のマッサージルームへ行った。

ホテル内の施設にもかかわらず、病院で見るような衝立の立ち並ぶ間接照明ばかりの薄暗い室内。奥から出てきたのは背の高い、がっしりとした体格のボディビルダーと見紛うような男性だった。

手招きで奥のベッドへ案内され、そこへあおむけに横たわると、ボディビルダーは乳液を手に取り、無言でぐりぐりとスネのマッサージをし始めた。

最初はとても気持ちよかった。

しかし、それはすぐ苦痛と変わる。すね毛が引っ張られ痛いのだ。

痛いのと気持ち良いのと、しかしそれを言おうにもどう表現してよいかわからず、結局最後までクレームを入れることはできなかった。くだんのボディビルダーは最後まで喋ることはなく、身振りと手振りだけでマッサージを終えた。日本と西欧と東欧のマッサージの差異はわからなかった。

◆

翌朝は早起きし、ホテル近所で毎朝開催されているという朝市へ行く。

昨日には何もなかった広場を囲むように簡易のテントも張られていて、確かに「市場」というような風情を醸し出していた。驚いたのは客のまばらさ。日本やその他の「市」というイメージはなく、もっぱら通勤する途中らしい壮年の男女がそれとなく訪れ、そのまま通り過ぎていく。早朝だからかもしれないが。

それゆえ、ふらりと店頭に訪れた新婚カップルは良い客（カモ？）と思えたのだろう、ジプシーのような風貌をした姉妹らしき売り子は、やたらとわれわれ夫婦へ声をかけてきて、いろいろなものを勧めるのだった。

「あれは何かな……」

彼女らの背後にかけられた物に興味を惹かれ、思わずジプシー女性の一人に声をかけてしまう。

それは見事な出来栄えの「鞭」だった。木を削って作られた無骨な柄の根本から先端に至るまで2メートルほどの長さに、皮革が徐々に細くなるよう編み込まれている。先端には1メートルほどの、おそらくよじって縄状にした藁であろうエクステンション（延長部分）も取り付けられていた。

ジプシー姉妹はここぞとばかりにその鞭について、ブダペストの観光局かどこかで発行しているハンガリーの伝統馬術（らしい）のパンフレットを取り出し、われわれに説明し始めた。

「これは由緒正しい、ハンガリアン伝統の馬術で使うものなのよ」

「とても丈夫で美しいの、見て」

おそらくそんなことを言っていたのだろう。言葉はまったくわからなかったが、多分そうだ。

脇にいた妻は興味のなさそうな表情で、ゆっくりと周囲を眺め回している。しかし、ここまで熱心に説明されたことでこちらも彼女らには多少の情が湧いてしまった。

「これはどうやって使うのか、使えるのか」

……のようなことをカタコトの英語と身振りを交え伝えた。

何となく伝わったのか、商機ありと踏んだのか、おそらく妹の方だろう、鞭を掴むとスタスタ歩き出し広場中央付近へ向かっていく。

自分、そして妻は何をするつもりかと彼女を注視した。どこか不安げに妹を見つめるジプシーの姉。立ち止まったジプシー妹は巻いていた鞭をほどき始めた。

――実演するつもりなのか！　そこで？

確かに広場には人はおらず、その位置ならば3メートルある鞭を振り回しても大丈夫そうに思えた。しかし自分の目の端は、動く人影を捉えていた。しかもそれはジプシー妹の背後から近づいている。帽子を被りグレーのコートを着た初老の男性だ。

わずか遅れてジプシー姉も彼に気づき、鞭を振り上げようとしている妹へ大声を発する。つられてわれわれ夫婦も「やめろ！」「気をつけて！」と、わあわあ叫んだ。

だが、鞭を振り上げた妹にはその声も届かなかったのか、遠目にも勢いよくヒュンと音を立てた。ジプシー妹の頭上で見事な弧を描いたその先鞭は、その弧の中へあらかじめ計算していたかのようなタイミングで入った男性の頭部にぶち当たった。パン、と音を立て男性の帽子がはたき落とされた。それは宙を舞い、広場の石畳に落ちていく。

われわれ三人は声もあげられなかった。

初老の男性は進路も歩調も変えず、今さらながら事の顛末に気づき立ち尽くすジプシー妹の方へ近づいていく。

これは大変なことになったと思った――が、しかし――男性はそのままジプシー妹の脇を通り過ぎ、落ちた帽子を拾うとそのまま広場から歩き去って行った。

われわれは眼の前のことが現実のものとも思えず無言で老紳士を見送った。

ジプシー妹は鞭を片手に気まずそうな照れ笑いを浮かべ、店頭へ戻ってきた。

鞭は購入した。

これだけのハプニングを起こしてくれたジプシー姉妹へ、多少の気遣いもあったかもしれない。

値段は日本円にして3000円ほどだった。

◆

その夜、妻は爆発した。

なぜそんなものを買ったのか、日本に持ち帰ってどう使うのか、と問いただされたのだ。

実際のところ、そう責められても前述のハプニングの「ついで」に購入したので、具体的に何をどうしようという目論見をもっていたわけではない。だが、初めて見る妻の怒りには何とか応えたい、納めたいという思いについ言い訳をしてしまう。

「いや、だってこれはハンガリー国営馬術競技のオフィシャルなものだよ？　みやげ物としても価値は十分あるし！　飾ってもかっこいいじゃない」

本音を言うなら、やはりそれが欲しかったわけだ。

「どこに飾るのよ！　それを壁に飾るなんてわたし、いやよ？」

彼女の言うことはいちいちもっともだ。そもそも壁にかけるなんて発想はまったくなかった。

「でもほら、これってすごいんだぜ？」

何を思ったか手に持った鞭をつい軽く振ってしまった。

流石は国営馬術競技御用達。鞭は予想以上の破壊力を持っていた。先端は猛威をふるい、室内のテレビやらスタンドライトの傘を引っ掛けつつ、巻き込みながら、次々ガシャンガシャンと備品類をなぎ倒していった。

——これで馬を打ったら死ぬんじゃないのか……

そんな感想を抱くと同時に、室内には妻の金切り声がひときわ大きく響き渡った。

【到着：フランス】

ブダペストではその後もいろいろあり、お互いの衝突も多くなった。

街の風景をデジタルビデオで撮っているときは、旅行時には風景写真じゃなくふたりの写真を撮るべきという、彼女の考えと、いや、仕事に使えるかもしれない資料だから、という自分の主張がぶつかり、怒った彼女がブダ側からひとりで橋をわたりペスト側のホテルへ帰りかけるなど、ふたりの価値観の相違も明らかになってきた。

とくにその件での意見の対立は深刻で、要するに「旅行の記録で見返すのは絶対人物写真だ」という彼女と、「いや、風景を見て思い出しながらコミュニケーションを取るんだ」という自分の主張は互いに相容れないもののように感じられたのだった。

しかし、今では彼女の言ったことが１００パーセント正しい、と思える。

後年、自分たちの写っているもの含め、街で出会った人と写っている写真を見てこそ「あの人、こうだったね」とか「このとき、こんなことがあったね」などと思い出を語り合えるのであり、よほどのことのない限り、看板や街の風景画像を見て懐かしむようなことは、この25年間ついぞなかった。どこで撮った風景なのか、細部など忘れてしまうものである。

ハンガリーを出ると、今回もチロリアン航空の飛行機に搭乗した。変わらず「ショルダーッ！」とCAに怒鳴られながらのフランス入りだ。

シャルル・ド・ゴール空港へ降り立ち、機内から空港内へ向かう人の列に並んでいると、機内の窓から、われわれの乗った飛行機から荷物を搬出している作業員の立ち働く姿が見えた。

われわれのスーツケースは大きなもの2つと、妻の小ぶりのものを1つ預けてあった。それはベネトンカラーの派手な色彩をしていて、遠目にもそれとわかるのだが、見ているとちょうどそのケースが機外へ運び出されるところだった。

「あれ、僕らのだよね」

「そう、私の」

などと夫婦ふたりで話していると、それは他の大きなスーツケースを運ぶ荷物車ではなく、別な車に載せられていた。

「あれ、どうしてあれだけ別なのかな？」

「小さいのは別な車で運ぶのかな……」


空港でその荷物を受け取ったのはそれから2時間も経ってからのことだった。しかもこじ開けられた状態で。

明らかに空港作業員の犯行ということを目撃していたため、空港の管理事務所にクレームを付けに行くと、拙い英語ながらわれわれの話をじっと聞いていた受付の男は「保険には入っているか？」と尋ねてくる。入っていないと答えると肩をすくめ「それじゃ、どうしようもない」と、それきり対応はされなかった。

幸いにも荷物そのものは盗まれておらず、ケースに妻がこれまでの海外旅行で持ち帰っていた２００ドルほどの紙幣や小銭などを入れた袋がなくなっていた。

最初からケチの着いたフランス入国。以降フランス滞在中にあまり良い思い出はない。

一つずつ書けば、とうに字数オーバーとなるため起こった出来事を簡易に書くと、この盗難の他に、

●とりあえずスーツケースの鍵を購入すると、小さな鍵一つでなんと当時の日本円で約8000円もした。

●シャンゼリゼ通りは日曜休みの店が多く、主だった店はみなクローズしていた。

●エッフェル塔下の路上にある土産物屋で妻が絵葉書を物色している背後から、スリらしき人物が妻を物色していた。そのスリの背後から一脚を武器のように持ってそっと近づいていくと、逃げられた。

●一緒の写真を撮ってあげるよという人物に、危うくカメラを渡しかけ、妻に怒られた。

●ホテルのクローゼットに妻のお気に入りのコートをかけたままホテルをチェックアウトし、イギリスに向かう途中で気づいた。メールで問い合わせるも返信はなかった。

細かなことは他にもあったが、ともかくいろいろなことが連続して起こり、自分は今でもフランスにあまり良い印象はない。

【出発：英国】

新婚旅行の旅路はイギリスで締めくくる。

字数の関係でここも詳細は省くが、英国はフランスに比して良い思い出ばかりの旅だった。フランスのパリからロンドンまではユーロスターに乗り、本旅程初の陸路となったことも好感を上げる役に立っていた。何せ航空機とは異なり、席はゆったりと快適なのだ。

2時間と少しの乗車時間は日本の東京から仙台くらいの感覚。入国時にもトラブルはなし。フランスでのさまざまなトラブルは一体何だったのか、と思うくらいにスムーズに予定は進んでいく。

出国からウィーンを経て、ハンガリーで夫婦それぞれのものの見方の違いを知り、フランスでは共同してトラブルに当たり、あるいはトラブルを共有したことで、むしろ夫婦間の絆も深まっていったように思われた（※注：個人の感想です）。

それまでの経緯からすると、先述の成田離婚の条件である、旅客機の乗り遅れによる口論（ぎりぎり口論にはならなかった）、に等しいことを経験し、荷物の紛失（というか盗難）や、旅行先におけるトラブルをきっかけとした口論、はあったものの、旅行先で飲酒をしても酒癖は普通だったようだし、2人きりになって相手の本性が露わになっても、なんとか双方の歩み寄りにより、口論や激論を回避することができたわけだった。

奇跡的に予約の取れたオリエント急行での優雅な旅路を体験したり、ハロッズでのアフタヌーンティーで紅茶三昧の午後を過ごしたり、まずいといわれるイギリス料理ではなく、植民地料理を満喫、ロンドンにいくつもあるさまざまなジャンルの博物館で英国や世界の歴史に触れるなど、思えばイギリスでの滞在では楽しく、ふたりとも大満足であったことを補足しておく（余談ではあるが、以降イギリスには夫婦で2回ほど赴いている）。

さあ、旅路も終盤、明日はいよいよ帰国だ。

【到着：成田空港】

旅行は家を出てから帰り着くまで。

誰が言ったかわからないけれども、まさしくそのとおりと思う。

復路は往路と同じくヴァージン航空に搭乗、イギリスからスイスのチューリヒで乗り換える予定を組んでいたのだが、ロンドン空港での出発の遅れ、気流の乱れなどから時間内に乗り継ぎできず、航空会社の責としてチューリヒでそのまま一泊することとなった。空港からは出られないものの、もう1カ国、あのスイスに立ち寄れるという、ある意味ボーナスのようなトラブルでもあった。

チューリヒ空港の当該航空会社カウンター前に、同乗していた多くのビジネスパーソンが群がり、航空会社の社員と口論しているのを横目に空港敷地内のホテルへ向かう。

帰国1日遅れの影響は仕事にどれほどあるのか定かでなく、不安も感じるものの、これまでの疲れからか、食事はルームサービスで済ませ、夫婦ともども早々に寝床へ入った。

翌朝のチューリヒ空港では、当時まだ販売されていなかったメルセデスの「スマート」というコンパクトカーの空港内展示を見たり、出たてのBMW X1のカタログを貰ったりと乗り継ぎ遅延がなければチャンスのなかっただろうイベントにも恵まれた。

約2週間もの間、留守にしていたため、帰ってからは大変だった。大量の未読メール、メモリ一杯の着信履歴、パンクするほどの留守電。行く前に片付けていたはずの仕事は倍になって山積していた。

【我が家はいかにして……】

以上、このエッセイともつかぬ体験記は、もとより成田離婚を防止したという教訓に満ちた体験談でもないし、そのための手法を解説したり、説教じみた悔恨をつぶやくことを目的としているわけでもない。

ただ、旅行をテーマとして何かを書こうとしたとき、成田離婚する可能性が自分たちにもあったことを思い出し、その内容を記憶にあるがままにしたためたものだ。

その意味で「いかに回避したか」はいささか言い過ぎの感もあるかもしれない。

また、本稿を書く間、当時のことを思い出してみると、驚くほど多くのことを忘れていることに気づいた。

イベント然り、トラブル然り、そのときに考えたり、感じたりしたこと然り、である。あれから25年経つ今も、妻とともに人生を歩んでいることが奇跡的なことにも思えている。

今回の執筆を通じ、ときどきは以前の妻とのつきあい、その体験を思い出しつつ書き表すことで、再度「伴侶」とは何か、と深く考えることができた。

万人にすすめられることではないかもしれないが、もし伴侶との関係性を見失ったり、悩んでみたりしているなら、一度新婚旅行の頃の記憶を書き表すことにチャレンジしてみるのも一興だろう。

そしてその際は、決して伴侶に感謝はしても、相談はしないことをおすすめする。

自分の場合は旅行をテーマに新婚旅行の体験を書いている、とうっかり漏らしてしまったところ、彼女の目が怖く光り、「え、何を書くの？　ひょっとして……」と、書く内容に制限をつけられてしまった。

けれど、それはもうみんな書いてしまっていたのだが。

ちなみに帰国後、寺島実郎氏にヨーロッパ旅行の話をしに行くと、「え、君、本当に行ったの？」と言われた。これも良い思い出……としておきたい。

「旅は新たな発見」
刊行に寄せて

ご紹介した東欧の旅は私にとって鮮烈な印象を残しました。初めての海外経験が共産圏の一人旅、その緊張感で神経をすり減らし帰国後に体調を崩しましたが、社会主義の現実を垣間見た経験は、その後の私の生き方も大きく変える契機となりました。

私はジェトロに入会後、新入社員にもかかわらず社内の労働組合活動に否応なく巻き込まれました。ストライキの集会では〝インターナショナル〟を歌い、組合幹部のアジ演説を聞き、シュプレヒコールを連呼する。動員される意味も解らず街頭デモに参加したり、挙句の果てに同僚からは〝あいつは左翼だ〟と誤解され冷たく後ろ指を指されるほどでした。そんな自身の置かれた環境につくづく嫌気がさし始めた頃に巡ってきた海外出張、〝調査の仕事をするからには自ら現地に足を運ぶことは必須〟と考えていた私には心機一転の機会でもありました。

東欧、まさに〝労働者階級〟が率いる社会主義の国々。共産党の独裁国家の国々はどこも人々の表情に生気が感じられず、監視社会に漂う独特の閉塞感に満ちていました。体制への批判はもちろん許されず、官僚主義がはびこる計画経済ゆえに生産性は極めて低く、街で売られる商品には購買意欲をそそるものはほとんどありません。〝見ると聞くとでは大違い〟とはまさにこのことでした。〝偏狭なイデオロギーと教条主義の行きつく先の恐ろしさ〟を肌で感じることができました。

この海外出張を契機に、私は組合活動からは距離を置き、特定の集団に迎合することなく、物事に対して自分自身の考えを明確にして判断し、主張すべきところは主張し、何事にも流されないように心がけました。38年間の勤務をまがりなりにも定年まで全うし、自分なりに満足できる幾つかの仕事ができたのも、このときの密かな決意があったからこそと今でも思っています。

荒木義宏

初めての土地や国を旅するとき、知らないことへの不安より未知を知ることへの期待が大きくなる。それは、自分が身の軽い旅人の立場で訪れることも理由の一つだが、それ以上に思いもかけない新しい発見や知らない人との印象的な出会いに感動することが多いからだ。

とくに外国への旅では、本の中でしか知ることのできなかった風景や文化の中に入っていって異国の人たちと交流することができると、お互いの文化や感覚の違いと共通点の両方を知ることができるので、自分の考えや知見を広げるきっかけになる。

一方、国内の旅では、日常の生活が全国どこでも同じようになっている背景もあって、新たな発見が少ないように感じてしまうこともある。そんなときは、その土地の博物館などを訪れて当地の歴史や人物の資料を読み込んでみると、見えている風景から新たな発見が得られて感銘を受けることも多い。狭い日本でも、場所が違えば歴史や文化に違いがあり、興味は尽きることがない。日本は狭いのではなく広いのだと思う。

自分の身体が動く限りは旅を続けて、日本と世界の中で新しい発見を探し続けたいと思っている。

伊藤　廉

「旅」、それは私にとっては日本を出て海外で過ごした半世紀以上が旅の連続と言っても過言ではないものと思います。

その旅の中にも今まで持っていた常識とはまったく違った新しい発見もありました。クウェイト赴任中、イスラム教徒であるパレスタニア人スタッフの結婚式で、花嫁と同世代の女性がベリーダンスを彼女らの部族の音楽に合わせ披露してくださったことです。

通常イスラム教徒の女性は全身をアバヤと呼ばれるロングコート、頭を覆うヒジャブ、そして顔を覆うニカブの三つの組み合わせの黒い衣装で人前に出るため、誰であるかまったくと言っていいほど判別がつきません。しかし、スタッフの結婚式でまっ白な肌の若い女性がベリーダンスを目の前で披露したことは強烈な印象でした。異教徒の私たちが知らない遊牧民のさまざまな文化や風習を間近で見ることができた貴重な発見でした。

アルハンブラ宮殿のあるグラダナで泊まった宿のレストランで、スペインの中学生の修学旅行生と同じテーブルで食事をすることとなり、その生徒たちがそれぞれワインの銘柄を指定し注文して楽しく飲んでいたことは強烈な印象として残っています。おそらく家庭でもワインを飲んでいるのかもしれません。生徒同士でワイン談義に花が咲いていました。

夏、北緯55度付近を旅したときには蚊に悩まされました。伝染病を媒介する蚊であるかどうかはわかりませんが、ハエみたいに大きなもので外気に晒されている肌の部分に一斉に攻撃されて参りました。ただ一緒に旅したオランダ人はあまり刺されなかったようで、彼曰く〝君は若いので血が旨いことを蚊は知っているよ〟と言って笑っていました。

冬、同じ場所にムース（ヘラジカ）、尾黒鹿、尾赤鹿、黒熊、茶色熊の州政府発行の狩猟許可書を持って狩りに行ったのですが、夜半にキャンピングトラックの外が異様に明るくなり何事かと外に出たところ、空一杯にオーロラ（北極光）が走っていました。緑の光がとくに印象的できれいでした。狩り仲間に「オーロラがきれいですよ」と言ったところ、「あれは、Northern Lights というのだよ」と教えてくれ、このとき初めてオーロラのことを現地の人は北極光と言うことを知りました。その後、ラジオからこの言葉が出て、今夜は特別に美しいという言葉を聞くたびに夜空を眺めていたことを思い出します。

まだまだ私の旅は続くものと思いますが、今後訪れる未知の土地では今まで知らなかった新しい発見を見つけ、心に残る旅にしたいと思います。

鹿島孝和

人はなぜ旅をするのかと考えるよい機会であった。未知の世界に足を踏み入れてみてそれぞれの生活やら歴史・文化を堪能できるよい機会であったが、これまでの人生そのものが「旅」であったように思う。

建設会社から日建連株主の（株）マネジメントシステム評価センターに転職後の審査活動によって、国内の全都道府県各地を廻り、業務の余暇を利用して観光（旅）ができたことはこの上になく幸いであった。

今回は「旅」がテーマでこれまでのさまざまな旅に関する事柄を振り返ってみたが、海外も国内もそれぞれの土地や国によって風土や歴史・文化の違いを思い出しながら記述することができてとてもよかったと思う。

また、新型コロナの感染により、当分の間、外出や旅行ができなく残念な時期があったものの、機会があればまた旅をしたいと思う。

今年（令和6年）は正月早々の能登半島地震から始まり、さまざまな災害・事故が発生して当事者の方々の心情は如何ばかりかと心が痛む。日本の国は世界でも珍しく4枚のプレートが重なり合った中心にある関係で、地震や火山による災害が頻繁に起きている。近年の阪神・淡路大震災、熊本地震、東日本大震災、そしてこのたびの能登半島地震などの大災害のたびに、過去の旅で見てきた景色や重要な文化財などが消失したことは残念である。とくに奥の細道の旅で途中に寄道をした七尾や輪島の朝市場の震災の被害状況が報道されて虚しい思いである。白米の千枚田は割れて酷い状態が放映されていた。象潟のように1804年の大地震により湖の湖低が隆起して陸地になったのと同じように、能登地震で4メートルも隆起した場所があった。まだ情報はないが平大納言忠時の館が無事かどうか心配である。

昨年でようやく81歳になったが、3年ほど前からボランティア活動として町内小学生の下校時、安全指導を行なっている。子ども達の元気な姿に向き合い、若さをもらって楽しく隠居生活を過ごしている。

呉羽和郎

「イリアンジャヤ駆け歩き」は、私が1991年3月16日、ジャカルタ駐在員として現地に着任してから約7カ月半の後に体験した、今にして思えば空想の世界にでもいるような、すべてが非現実的な出来事の回想録です。

またこの回想録は、旅の途中で起こった思いがけない出来事や、感じたことのありのままを書き溜めておいた〝道中メモ〟を纏めただけのものです。しかし、初めての海外生活におけるこの旅が私に与えたインパクトは大きく、そのひとコマひとコマは未だに新鮮なまま、つい昨日のことのように脳裏に蘇ってきます。

すでに後期高齢者のグループに仲間入りした私ですが、いつの日にか現地を再訪し、この回想録を頼りに30年以上も前の記憶を遡って、その変貌ぶりをこの目で確かめることができたらと願う今日この頃です。

２０２３年9月　記　斎藤利治

還暦を迎えた２０２３年は、私にとって大きな転機となる年であった。職業面では、「還暦までにサラリーマンをやめて日本語教師になる」という夢が叶った。留学生や外国人児童に日本語を指導する中で、大きなやりがいを感じており、自分では「天職」に就けたと思っている。

健康面では、この年までまったく病気やケガに縁がなかったのに、思いがけず「前立腺がん」「脳動脈瘤」というやや重い病名を二つも頂くこととなった。幸い、いずれも手術や投薬の必要なしの「経過観察」的方針となり、健康な人と同様の暮らしができている。しかし、確定的な診断がおりるまでの間、初めて「死」というものを真剣に考える貴重な経験ができた。私生活面でも、（内容は省略するが）かなり大きな変化があった。

この転機の年に「旅」に関する本の執筆をすることになったのも、人生の流れの中での必然だったのかもしれない。このたび、青・壮年期の旅の中での数奇な出来事を振り返ってみて、旅も含めたすべての体験が今の自分を形作っているということを再認識した。そして、残りの人生を、そうやって形作られてきた「自分」らしく、楽しく有意義に生きていこうと考えている。このような機会をご提案いただいた小野さん、斎藤さんに厚く御礼申し上げたい。

菅納ひろむ

私にとって『人生は迷いと決断の協奏曲』（日本地域社会研究所）に続く2冊目となります。「旅」というお題をいただき、「旅のための旅」をほとんどしてこなかった私は最初辞退しようかと思いましたが、ふと、遠出するときには必ずといっていいほど動物園や水族館を訪ねていたし、動物園や水族館そのものを目的とした旅なら何度もしてきたことを思い出しました。他の方が書かれた旅の思い出とはだいぶ違った内容で違和感をもたれることもあるかもしれませんが、あえて私らしさを出して書いてみました。読者の皆様は、動物園や水族館は家族連れやカップルで来られたことが何度かおありだと思いますが、私が書いたのはおそらく意識されてこなかった視点だと思います。また、書いてみて、私にとって動物園・水族館の方々とのつながりも大切なものだということを改めて認識しました。このような機会を与えてくださったことを心より感謝いたします。

都築　功

２００５年から始めた「人物記念館の旅」に加えて、２０１６年から新たに「名言との対話」というテーマで、note というサービスに毎日一人の人物を取り上げて、その人の生涯とそこから絞り出された名言から学んだことを書くことにした。

その日が命日か誕生日の人を選んでいるのだが、実に多彩な人と向き合うことになった。今年２０２４年は9年目になる。江戸後期の文化・文政から始まる近代から、明治、大正、昭和、戦後、平成、令和という、日本の近現代の人物をすでに３０００人近く書いている。

この過程で、自分は何をしているのかを改めて考えると、現在の日本人が参考にすべき「代表的日本人」を調べていると思うようになった。「代表的日本人」といえば、１００年以上前に内村鑑三が英文で書いた名著が有名だが、人選は日蓮、西郷隆盛、上杉鷹山、中江藤樹、二宮尊徳のわずか５人だった。

日本の屋台骨である精神の劣化が進む中、迂遠なようだが過去の偉人の生き方に光をあて、国民的財産として共有することが必要だと思う。「代表的日本人」というキーワードで、今後も日本人の精神を掘り起こす旅を続けていくことにしたい。

久恒啓一

もう十数年前、学生たちと共に、とある旅行会社の新プランを練るプロジェクトを実施したことがあります。

試行錯誤の上、学生たちから出てきた新たなツーリズムのコンセプトは「旅功」というものでした。

「旅行」が旅に出ること、そこで楽しくアクティビティに興じることが目的なのに対し、彼らのアイディアはどうせ旅に出るのなら、その体験からより具体的に人生に「功する」――たとえば、短期で習得できる何かの資格や目に見える成果のようなもの――を得て戻ってこよう、というものでした。

当時監修に入っていただいた有名旅行会社の相談役がその考え方にいたく共感し、さっそく自分たちの商品に取り入れよう、と仰っていたことが印象的でした。

振り返って今回の自分の旅行記をその視点で見てみると、果たして「功する」ものがあったのか、と反省しきりです。けれども、未知の体験や経験も旅の「成果」と広く捉えるなら、今回の執筆はひとりの女性の見えなかった部分や本質を見たり考えたりすることで、その後の結婚生活に大いに「功した」のではないかと(いささかこじつけ気味ではあるものの)振り返ることができました。結婚生活26年目です。

人生をこの世の旅路と考えるならば、つい先日還暦を迎えた自分には、まだ少し寄留者としての歩みが続きます。残された時間を糟糠の妻とともに歩んでいくつもりです。

よい機会を与えてくださった発起人の小野さん、ほか編集に携わってくださった八木下さんをはじめとする日本地域社会研究所のみなさまに篤く御礼申し上げます。

力丸萠樹

あとがき

２０２４年1月1日に、能登半島地震が起きて、旅行に行ったことのある輪島朝市通りが残念ながら火事で焼失してしまいました。能登白米千枚田や仲代達也氏の作品が楽しめた能登演劇堂（七尾市）も大きな被害を受けました。また、２日には羽田空港C滑走路でＪＡＬ機と海保機の衝突事故が発生してしまいました。例年なら穏やかなお正月を過ごせたのに、災害と事故が続いて大変な一年の幕開けになってしまいました。旅というものは、安全が確保されていて、安心して楽しめるものであると、つくづく思い知らされました。元のように楽しく旅行ができる日を待ちたいと思います。

本書の書名と執筆者のグループ名称は、執筆者の皆さんから案を募りました。書名は「旅は新たな発見」（伊藤廉さんの案）、グループ名称は、「人生１００年時代を輝かせる会」（都築功さんの案）に、賛同者が多く、採用させていただきました。

執筆者の斎藤利治さんの「インドネシア共和国イリアンジャヤ駆け歩き」にビアク島の忠霊碑が述べられていますが、私が鴻池組のジャカルタ事務所長のときに、当時のジャカルタの日本大使館の書記官の方から、ビアク島で菊竹清訓氏設計の忠霊碑建設計画案件があるとの情報を貰ったので、東京の海外事業部と相談した結果、受注しようとの結論を得て、鴻池組が施工しましたので、文章を読んで懐かしくなりました。

今回10人の方から旅についてのエッセイを寄稿していただきました。それぞれ個性的な旅で多くの読者の方に、参考にしていただけるのではないかと思います。

本を上梓するに際して、編集の八木下さんに有益な助言をいただいたことを、深謝します。

２０２４年１月24日

「人生１００年時代を輝かせる会」　小野　恒

■著者紹介

【人生100年時代を輝かせる会】

荒木義宏（あらき・よしひろ）
1952年大阪市生まれ。38年勤めた日本貿易振興機構（ジェトロ）では主に東南アジアを担当。現在はミャンマーの若者の日本留学サポート事業に注力中。

伊藤　廉（いとう・れん）
1952年新潟県柏崎市生まれ。土木エンジニア。民間会社と役所の両方で勤務した知見を元に企業コンサルティングの仕事に従事。

小野　恒（おの・ひさし）
1949年岐阜市生まれ。土木エンジニアとして建設会社で勤務後、地方自治体専門員。

鹿島孝和（かじま・こうわ）
1942年天津市生まれ。1967年大学卒業後、カナダ国アルバータ州公僕。帰国後、建設会社勤務を経て1979年から2021年まで建設コンサルタンツ会社勤務。現在、フィリピンの建設会社の技術顧問。

呉羽和郎（くれは・かずお）
1942年徳島県阿南市生まれ。元建設会社土木技術者。退職後はISO審査登録会社に転職。75歳で退職し現在、隠居中。

斎藤利治（さいとう・としはる）
１９４８年長野県生まれ。経済団体勤務を経て、現在、自営業（行政書士・日本語教師）。

菅納ひろむ（すがのう・ひろむ）
１９６３年高知市生まれ。メーカー社員、団体職員、総合商社社員を経て、日本語教師。野菜作りと広島カープ、古いフォークソングを愛する。柴犬「こむぎ」と神奈川県藤沢市で生活中。

都築　功（つづき・いさお）
１９５２年愛知県西尾市生まれ。ＮＰＯ法人「知的生産の技術研究会」理事。

久恒啓一（ひさつね・けいいち）
１９５０年大分県中津市生まれ。キャリアの前半はビジネスマン（航空会社）。後半は教育者（宮城大学、多摩大学）。

力丸萠樹（りきまる・もえき）
１９６４年東京生まれ。舞台俳優、雑誌編集者、ディスプレイ業などを経てフリーのイラストレーター・デザイナー。デザイン事務所「アトリエ・マ・ヌゥー舎」主宰。２０１７年に自主制作映画グループ「SKKORTA Entertainment」を設立し、アラフィフ（当時）メンバーによるアクション映画の脚本、監督、カメラマンを務めている。SKKORTA Entertainment Youtube チャンネル　https://www.youtube.com/@skkortaentertainment549/videos

「NPO法人知的生産の技術研究会」のご案内

■

「知的生産の技術研究会」(知研) は、1969年に発刊された名著・梅棹忠夫『知的生産の技術』(岩波新書) に触発されて、梅棹先生を顧問に東京オリンピック (1964年) から6年後の1970年に創設されました。2024年現在、創立54周年になりました。

この間、1970年代から始まる高度成長と日本の最盛期の20年と、バブル崩壊後の失われた32年の間市民に向けて開催したセミナーは、2024年現在で約860回を数えています。評論家、学者、マーケッター、探検家、ジャーナリスト、作家、ノンフィクション作家、編集者、都市プランナー、経営者、弁護士、発明家、ビジネスマン、コラムニスト、教育者、官僚、冒険家、などの各分野の第一線で活躍する人物たちの知的生産とその技術を、学んできました。その成果は多くの出版物となって、多数の市民を励ましてきました。

現在定例セミナーは、主にZoomで実施していますが、時折、対面でも実施しています。詳細は、Facebook知的生産の広場 (知研フォーラム) でセミナーの案内を行なっていますので、ご覧ください。

facebookグループ「知的生産の広場」
https://www.facebook.com/groups/216147683882632

NPO法人知的生産の技術研究会
理事長　久恒啓一
理　事　伊藤松郎　小野恒　水谷哲也　福島哲史　都築功

旅《たび》は新《あら》たな発見《はっけん》

2024 年 4 月 6 日　第 1 刷発行

編　者　人生 100 年時代を輝かせる会
著　者　荒木義宏《あらきよしひろ》　伊藤廉《いとうれん》　小野恒《おのひさし》　鹿島孝和《かじまこうわ》　呉羽和郎《くれはかずお》
斎藤利治《さいとうとしはる》　菅納《すがのう》ひろむ　都築功《つづきいさお》　久恒啓一《ひさつねけいいち》　力丸萠樹《りきまるもえき》
発行者　落合英秋
発行所　株式会社 日本地域社会研究所
〒 167-0043　東京都杉並区上荻 1-25-1
TEL　(03) 5397-1231 (代表)
FAX　(03) 5397-1237
メールアドレス　tps@n-chiken.com
ホームページ　http://www.n-chiken.com
郵便振替口座　00150-1-41143
印刷所　中央精版印刷株式会社

ISBN978-4-89022-308-4